COLLECTION
ROLF HEYNE

DIE KÜCHE DER
LORENZA
DE'MEDICI

DIE KÜCHE DER LORENZA DE'MEDICI

Die 80 besten Rezepte
der traditionellen
italienischen Kochkunst

Wilhelm Heyne Verlag
München

Titel der Originalausgabe: THE DE' MEDICI KITCHEN
Ins Deutsche übertragen von Wolfgang Glaser

Copyright © 1992 Rezepte und Einleitung: Lorenza de' Medici
Copyright © 1992 Konzept und Buchgestaltung:
Weldon Owen Inc., San Francisco
Copyright © 1993 der deutschen Ausgabe by
Wilhelm Heyne Verlag GmbH & Co. KG, München

Die Originalausgabe erschien bei KQED, San Francisco
Created and produced by Weldon Owen Inc., San Francisco
Gestaltung: John Bull, The Book Design Company
Food-Fotografie: Peter Johnson
Food-Styling: Janice Baker
Umschlaggestaltung: Christian Diener
Satz: Kort Satz GmbH, München
Druck und Bindung: Mandarin Offset, Hong Kong
Printed in Hong Kong

ISBN 3-453-06306-6

ℐNHALT

Vorwort von Lorenza de' Medici 6

Menüvorschläge 8

I Primi 10

VORGERICHTE

I Piatti di Mezzo 36

ZWISCHENGERICHTE

I Secondi 60

HAUPTGERICHTE

I Contorni 84

BEILAGEN

I Dolci 104

NACHSPEISEN

VORWORT

Es sind nun schon einige Jahre ins Land gegangen, seitdem ich anfing, Gäste in meiner Abtei aus dem 11. Jahrhundert, der Badia a Coltibuono in der Toskana, zu bewirten und dort auch Kochkurse abzuhalten. Mit diesem Buch möchte ich meine Erfahrungen und das jahrhundertealte Erbe italienischer Kochkunst an die Leser weitergeben.

Die Rezepte spiegeln eine Küche wider, wie sie seit Jahrhunderten in italienischen Familien gepflegt wird, eine Küche, die zugleich einfach und raffiniert ist und deren unverfälschter, ausgewogener Geschmack vor allem auf der Verwendung von frischesten Zutaten beruht. Diese Gerichte demonstrieren aufs eindrucksvollste die Harmonie zwischen den einzigartigen Erzeugnissen des Landes und den kulinarischen Fertigkeiten, die von Generation zu Generation weitergegeben werden.

In jeder Speisenfolge offenbart sich mein Selbstverständnis als Köchin und Gastgeberin. Mein Anliegen ist es, Gerichte auf den Tisch zu bringen, die gleichzeitig unkompliziert, einladend und gehaltvoll sind und die sich mit geringem Zeitaufwand und wenig Hektik fertigstellen lassen.

Ich hoffe, daß es mir mit diesem Buch gelingt, einen repräsentativen Eindruck von der Vielfalt der italienischen Küche zu vermitteln.

Lorenza de Medici

7

Menüvorschläge

Ein herbstliches Menü

Polenta ai funghi 31
Frittata arrotolata 46
Indivia del Belgio alle noci 101
Crostata di uva 108

Ein familiäres Mittagessen

Piadina al prosciutto 49
Polpettone alle uova sode 71
Spinaci agli amaretti 101
Frutta fresca

Ein sommerliches Buffet

Linguine alla peperonata 24
Sformato di prosciutto 54
Pesche agli amaretti 114

Römisches Mittagessen

Gnocchi di patate al pomodoro 22
Fricassea d'agnello 82
Fagiolini alle nocciole 94
Ricotta al miele 123

Ein Mittagsmahl in Ligurien

Insalata di baccalà e fagioli 40
Coniglio ai capperi e basilico 79
Porri allo zafferano 95
Torta di nocciole 116

Ein piemontesisches Festmahl

Tortelli di formaggio
    e burro di tartufo 25
Piccioni al ginepro 65
Finocchi all'acciuga 89
Torta della nonna 118

Ein winterliches Essen für zwei

Bruschetta alle olive 44
Costolette di maiale alle prugne 83
Involtini di lattuga 90
Albicocche alla grappa 107
Caffè con grappa 110

Beliebtes aus Coltibuono

Risotto alle quaglie 35
Insalata di Coltibuono 35
Tiramisù 112

Würziges aus der italienischen Küche

Bucatini all'amatriciana 14
Manzo ai chiodi di garofano 81
Broccoli alla salsiccia 92
Moro in camicia 111

Frühlingsmenü

Anello di riso primavera 15
Pesce alle erbe 67
Patate arrosto 87
Semifreddo di fragole al torrone 117

Gerichte aus der Po-Ebene

Passatelli alla romagnola 29
Carpaccio al balsamico 57
Melanzane all'agro 97
Panna cotta al caffè 122

Picknick im Weinberg

Schiacciata di formaggio 55
Ciambella alla salsiccia
   e formaggio 45
Macedonia di arance 123

Aromen der Toskana

Panzanella 18
Pomodori ripieni 51
Polenta alla griglia 41
Peperoni alla marinara 94
Pinolata 120
Cappuccino 110

I PRIMI

Vorspeisen

In früheren Zeiten stellte der *primo piatto,* der erste Gang, für die meisten Italiener – mit Ausnahme der wohlhabenderen Familien – schon die komplette Mahlzeit dar. Auch heute noch sind diese Speisen, meist Nudel- oder Reisgerichte, gewöhnlich die gehaltvollsten Gänge eines Menüs.

Die bekanntesten *primi piatti* sind natürlich die Nudeln, die es in allen erdenklichen Formen und Größen gibt – als schmale Bänder, dicke Röhren, filigrane Nester und gefüllte runde oder eckige Teigtaschen. Die Italiener essen schon seit Jahrhunderten Nudeln, die sie bereits kannten, bevor Marco Polo Mitte des 13. Jahrhunderts seine legendäre Reise nach China antrat. Die einst verbreitete Annahme, daß erst der berühmte Reisende Italien mit der Kunst der Nudelherstellung vertraut machte, findet heute nur noch wenige Anhänger. Der Gegenbeweis: ein Kochbuch, das fünf Jahre vor Marco Polos Rückkehr veröffentlicht wurde und das sowohl Rezepte für *vermicelli* als auch *tortelli* enthält.

Gegen Ende des 18. Jahrhunderts waren Nudeln das Grundnahrungsmittel in Kampanien, der Region um Neapel. Damals mahlte man das Mehl gewöhnlich mit großen Handmühlen aus Granit. Der Teig für die Pasta wurde von Männern und Kindern in grob behauenen Holztrögen mit bloßen Füßen geknetet. Nach dem Ausrollen und Schneiden wurden die Nudelstreifen auf Schnüren in die Sonne gehängt, wo sie in der sanften Meeresbrise trockneten.

Die Norditaliener hingegen sind Reisesser. Sie schufen aus diesem vielseitig verwendbaren Getreide zahllose *primi piatti,* vom sämigen *risotto* mit gebratenen Wachteln bis hin zum farbenfrohen Reisring mit zarten Frühlingsgemüsen. Die riesige Po-Ebene ist Italiens wichtigstes Reisanbaugebiet, hier wachsen die hochwertigen Rundkornreissorten Arborio, Vialone nano und Carnaroli.

Die Italiener waren sich der besonderen Qualität der von ihnen angebauten Reissorten wohl bewußt. Noch im 18. Jahrhundert versuchten sie, ihr Monopol im Reisanbau aufrechtzuerhalten, und erklärten den Export dieses Getreides zum todeswürdigen Verbrechen. Doch 1787 betätigte sich der spätere Präsident der Vereinigten Staaten, Thomas Jefferson, als Gesetzesbrecher und schmuggelte Reiskörner aus dem Land, die er in seiner Heimatstadt Monticello im Staate Virginia aussäte. Sie sollten der Grundstein des amerikanischen Reisanbaus werden.

In Nord- und Mittelitalien sind auch *gnocchi* als erster Gang beliebt. Je nach regionaler Vorliebe stellt man die kleinen leichten Nocken aus Weizenmehl, Grieß oder Kartoffeln her. Dieses Buch enthält zwei *gnocchi*-Rezepte, *gnocchetti alle verze* (mit Käse) und *gnocchi di patate al pomodoro* (mit Tomatensauce), doch es gibt viele weitere Arten, diese wohlschmeckenden Teigklößchen zuzubereiten.

Crema di Zucca agli Amaretti

Kürbiscremesuppe mit Mandelmakronen

In der Lombardei, in Venetien und auf Sizilien steht Kürbis im Herbst und im Winter häufig auf dem Speisezettel. Man verwendet ihn als Füllung für Ravioli, man bereitet aus ihm Suppen und Risotti, oder man reicht ihn, püriert oder in Scheiben geschnitten und sautiert, als Beilage zu Fleischgerichten.

4 EL (60 g) Butter
1 große Zwiebel, in dünne Scheiben geschnitten
1¼ kg Kürbis, geschält, entkernt und in kleine Würfel geschnitten
1 TL frisch geriebene Muskatnuß
Salz und frisch gemahlener Pfeffer
12 amaretti (Mandelmakronen)
1½ l Fleischbrühe
100 g frisch gemahlener Parmesan

Den Grill vorheizen. Die Hälfte der Butter in einem großen Topf bei mittlerer Temperatur zerlassen. Die Zwiebel hineingeben und in etwa 3 Minuten glasig werden lassen. Den Kürbis zugeben und zugedeckt unter gelegentlichem Rühren etwa 10 Minuten kochen, bis er weich ist.
▨ Den Kürbis mit geriebener Muskatnuß bestreuen und mit Salz und Pfeffer würzen. Die amaretti zugeben und alles mit dem Handmixer zu einer glatten Creme verarbeiten.
▨ Das Kürbispüree in einen tiefen Topf füllen, die Brühe zugießen und aufkochen lassen. Die Suppe in vorgewärmte feuerbeständige Servierschüsselchen füllen. Die restliche Butter in dünne Scheiben schneiden und die Suppe damit belegen. Mit geriebenem Parmesan bestreuen, die Schüsselchen unter den Grill schieben und den Käse in etwa 5 Minuten goldbraun werden lassen. Sofort auftragen.

Für 6 Personen

Von oben nach unten: Kürbiscremesuppe mit Mandelmakronen, Reisring mit Frühlingsgemüsen, Bucatini mit würziger Tomaten-Pancetta-Sauce

Bucatini all'Amatriciana
Bucatini mit würziger Tomaten-Pancetta-Sauce

Dieses Gericht ist eine Spezialität aus Amatrice, einer kleinen Stadt im Latium, und erfreut sich mittlerweile über Italiens Grenzen hinaus größter Beliebtheit. Wichtig ist, die heißen Bucatini ausgiebig in der Sauce zu schwenken, damit die Nudeln die Sauce gut aufnehmen. Bucatini sind lange, hohle Nudeln, die Spaghetti ähneln, jedoch etwas dicker sind.

200 g *pancetta* oder Bauchspeck, in kleine Würfel geschnitten
1 Zwiebel, in dünne Scheiben geschnitten
1 kg vollreife Eiertomaten, geschält, oder Tomaten aus der Dose, mit Saft
1 Prise zerriebene getrocknete rote Chilischote
Salz
600 g Bucatini oder Spaghetti
100 g frisch geriebener Pecorino

Die *pancetta*-Würfel in einer großen Pfanne bei mittlerer Temperatur ungefähr 5 Minuten auslassen, bis sie glasig und knusprig sind. Dabei gelegentlich umrühren. Die Zwiebel in die Pfanne geben und in etwa 5 Minuten gerade goldgelb werden lassen. Tomaten und Chilischote zufügen, mit Salz abschmecken und die Sauce ohne Deckel etwa 10 Minuten einkochen lassen.
◈ In der Zwischenzeit in einem großen Topf Salzwasser zum Kochen bringen, die Bucatini hineingeben und kochen, bis sie *al dente* sind. Die Nudeln abtropfen lassen, in die Pfanne geben und mit der Sauce gründlich vermengen. Die Bucatini auf einer vorgewärmten Platte anrichten und sofort mit dem geriebenen Käse servieren.

Für 6 Personen

Anello di Riso Primavera

Reisring mit Frühlingsgemüsen

$1\frac{1}{2}$ l Gemüsebrühe
150 g Butter
3 Frühlingszwiebeln, gehackt
500 g Arborio- oder Vialone-nano-Reis
150 g enthülste grüne Erbsen
150 g Spargel, in kleine Stücke geschnitten
150 g grüne Bohnen, in kleine Stücke geschnitten
150 g junge Mohrrüben, in Würfel geschnitten
1 EL Schnittlauchröllchen
1 EL gehackte glatte Petersilie
Salz
3 EL bestes kaltgepreßtes Olivenöl
3 Tomaten, geschält, entkernt und in Würfel geschnitten

Den Backofen auf 200° C vorheizen. Die Brühe in einem Topf bei sehr niedriger Temperatur zum Köcheln bringen. Eine Ringform von etwa 23 cm Durchmesser mit 1 EL Butter einfetten und beiseite stellen.

◫ Die Hälfte der restlichen Butter in einem schweren Topf auf mittlerer Hitze zerlassen. Die Zwiebeln hineingeben und etwa 3 Minuten braten, bis sie glasig sind. Dabei gelegentlich umrühren. Den Reis zufügen und in etwa 2 Minuten unter ständigem Rühren glasig werden lassen. $\frac{1}{2}$ l kochende Brühe zugießen und mit dem Rühren fortfahren. Wenn die meiste Flüssigkeit vom Reis aufgenommen ist, eine Schöpfkelle Brühe zugießen. Der Reis sollte immer knapp mit Brühe bedeckt sein. Die Brühe nach und nach schöpfkellenweise zugießen. Nach 9 Minuten Erbsen, Spargel, Bohnen und Mohrrüben unterrühren, 3 Minuten köcheln lassen und den Reis jetzt etwas trockener werden lassen.

◫ Den Reis vom Herd nehmen und die restliche Butter, den Schnittlauch und die Petersilie unterrühren. Mit Salz abschmecken. Den Gemüsereis in die vorbereitete Form füllen und im vorgeheizten Ofen 5 Minuten backen.

◫ In der Zwischenzeit das Olivenöl in einer Pfanne bei mittlerer Temperatur erhitzen und die Tomaten hineingeben. Einige Minuten sautieren, bis sie heiß sind. Die Form aus dem Ofen nehmen, mit einem Messer am Rand entlangfahren, um den Reis zu lösen, und auf eine Platte stürzen. Den Reisrand mit den Tomatenwürfeln füllen und sofort auftragen.

Für 6 Personen

15

Tagliatelle Verdi agli Asparagi
Grüne Nudeln mit Spargel

Nudeln kann man mit püriertem Gemüse wie Spinat, rote Bete oder Tomaten färben, man nimmt in diesem Fall für den Teig lediglich ein Ei weniger. Sollte der Teig dennoch zu trocken sein, fügt man zusätzlich ein Eigelb hinzu. Will man die Pasta mit frischen Kräutern würzen, gibt man einige Eßlöffel sehr fein gehackte Petersilie, Salbei, Rosmarin, Thymian oder Basilikum an den Teig; die Anzahl der verwendeten Eier bleibt in diesem Fall gleich.

300 g Spinat
300 g Mehl
2 große Eier
1 kg grüner Spargel
125 g Butter
Salz und frisch gemahlener Pfeffer
100 g frisch geriebener Parmesan

Eine große Schüssel mit Eiswasser bereitstellen. In einem großen Topf Salzwasser zum Kochen bringen, den Spinat hineingeben und 1 Minute blanchieren. Den Spinat mit einem Schaumlöffel herausnehmen und ins Eiswasser geben. So behält er seine schöne grüne Farbe. Abtropfen lassen und ausdrücken, bis er ganz trocken ist, und im Mixer oder in der Küchenmaschine pürieren.

❧ Aus Mehl, Eiern und Spinat einen Teig herstellen, wie auf Seite 19 beschrieben. Den Spinat dabei zu den Eiern in die Mulde geben. Den ausgerollten Teig in 1 cm breite Streifen schneiden und auf einer bemehlten Fläche mit einem Tuch abgedeckt liegen lassen, während man die Sauce zubereitet.

❧ Wiederum eine große Schüssel mit Eiswasser füllen. In einem großen Topf Salzwasser zum Kochen bringen und den Spargel darin 2 Minuten blanchieren. Mit einem Schaumlöffel herausnehmen und im Eiswasser abschrecken. Den Spargel abtropfen lassen und in mundgerechte Stücke schneiden.

❧ Einen großen Topf mit Salzwasser zum Kochen bringen, die Bandnudeln hineingeben und etwa 2 Minuten kochen, bis sie an die Oberfläche steigen. In der Zwischenzeit die Butter in einer Pfanne zerlassen, den Spargel darin schwenken, bis er schön heiß ist. Das Wasser abgießen, die Nudeln abtropfen lassen und auf einer vorgewärmten Platte anrichten. Den Spargel darüber verteilen, gründlich mit den Nudeln vermischen und mit Salz und Pfeffer abschmecken. Mit Parmesan bestreuen und sofort servieren.

Für 6 Personen

Von oben nach unten: Brotsalat mit Tomaten, Grüne Nudeln mit Spargel

Panzanella
Brotsalat mit Tomaten

In der Toskana bereitet man diesen einfachen, unerwartet wohlschmeckenden Salat aus altbackenem Brot, reifen Tomaten, Zwiebeln und dunkelgrünem Olivenöl zu.

250 g kräftiges dunkles Brot, etwa 1 Woche alt
3 große reife Tomaten, geschält und in kleine Würfel geschnitten
2 kleine rote Zwiebeln, in hauchdünne Scheiben geschnitten
1 gute Handvoll frische Basilikumblätter
2 EL Rotweinessig
Salz
6 EL bestes kaltgepreßtes Olivenöl
frisch gemahlener Pfeffer

Das Brot in eine Schüssel geben, mit Wasser bedecken und einige Minuten einweichen lassen. Das Brot kräftig ausdrücken, zerbröckeln und in eine große Schüssel geben.

Tomaten, Zwiebeln und Basilikum zugeben.

In einer kleinen Schüssel das Salz so lange mit dem Essig verrühren, bis es ganz aufgelöst ist. Dann das Olivenöl unterrühren und zum Salat geben. Alle Zutaten gut miteinander vermischen, mit Salz und Pfeffer abschmecken und den Brotsalat auftragen.

Für 6 Personen

FRISCHE NUDELN – SELBSTGEMACHT

1. Das Mehl in eine Schüssel füllen oder auf eine Arbeitsfläche häufen, in die Mitte eine Mulde drücken. Die Eier nacheinander in die Mulde schlagen und mit einer Gabel verrühren. Vom Rand her nach und nach das Mehl gründlich mit den Eiern vermengen.

2. Falls Sie den Teig in der Küchenmaschine herstellen, werden Mehl und Eier zusammen in die Rührschüssel gegeben und die Maschine einige Male für ein paar Umdrehungen kurz angeschaltet. Wenn die Zutaten gut miteinander vermischt sind, läßt man die Küchenmaschine etwa 1 Minute laufen, bis sich der Teig zu einer Kugel formt.

3. Den Teig auf einer bemehlten Arbeitsfläche mindestens 5 Minuten gründlich mit den Händen durchkneten, bis er glatt, etwas fester und geschmeidig ist.

4. Den Teigball auf einer bemehlten Arbeitsfläche mit dem Handballen flach drücken und mit einem mit Mehl bestäubten Nudelholz zur gewünschten Stärke ausrollen (ungefähr 1 mm dick für Nudeln wie Tagliatelle oder Fettucine und $\frac{1}{2}$ mm dick für gefüllte Teigtaschen). Man beginnt in der Mitte der Teigplatte und rollt dabei das Nudelholz vom Körper weg gleichmäßig in alle Richtungen. Den Teigfladen währenddessen gelegentlich mit Mehl bestäuben und wenden, damit er nicht auf der Arbeitsfläche kleben bleibt.

5. Falls Sie eine handbetriebene Nudelmaschine benutzen, wird der Teig in 6 gleichmäßige Portionen geteilt. Man nimmt einen Teigball, drückt ihn mit der Hand etwas flach und dreht ihn vier- bis fünfmal durch die Walze der mechanischen Nudelmaschine, wobei man durch den seitlich angebrachten Griff die Walzen von Mal zu Mal immer enger stellt. Den Teigfladen zwischendurch immer wieder mit Mehl bestäuben.

19

Spaghetti ai Piselli e Scampi
Spaghetti mit Erbsen und Scampi

Dieses farbenfrohe, frühlingshafte Nudelgericht ist schnell zubereitet. Der individuelle Geschmack der Schaltiere und der nur kurz gegarten Gemüse bleibt bei dieser Zubereitung erhalten. Curry und Ketchup, die in der italienischen Küche keine Tradition haben, finden dort mittlerweile häufiger – wenn auch vorsichtige – Verwendung. Man kann für dieses Gericht statt der Spaghetti auch *taglierini* oder *linguine* verwenden.

500 g Spaghetti
3 EL bestes kaltgepreßtes Olivenöl
300 g Scampi, geschält und mit entferntem Darm
0,2 l Crème double
1 EL Ketchup (oder Tomtensauce)
1 EL Currypulver (nach Belieben)
1 kleine rote Paprikaschote von etwa 100 g, Samen und weiße Rippen entfernt und
    das Fruchtfleisch in Würfel geschnitten
100 g enthülste grüne Erbsen
Salz

In einem großen Topf Salzwasser zum Kochen bringen, die Spaghetti hineingeben und *al dente* kochen.
▨ In der Zwischenzeit das Olivenöl in einer Pfanne bei mittlerer Temperatur erhitzen, die Scampi hineingeben und auf jeder Seite 1 Minute braten.
▨ Die Crème double in eine große Pfanne geben, Ketchup und Currypulver unterrühren und aufkochen lassen, Scampi, Paprikaschote und Erbsen zugeben und 2 Minuten in der Sauce köcheln lassen. Das Wasser abgießen, die Spaghetti abtropfen lassen und in der Pfanne mit der Sauce vermengen. Bei mittlerer Hitze etwa 1 Minute unter Rühren durchziehen lassen. Die Spaghetti mit Salz abschmecken, auf einer vorgewärmten Platte anrichten und sofort servieren.

Für 6 Personen

Gnocchi di Patate al Pomodoro

Kartoffelnocken mit Tomatensauce

Kartoffel-Gnocchi sind in Italien seit dem späten 17. Jahrhundert bekannt und erfreuten sich schnell großer Beliebtheit. Sogar Escoffier hat in seinen Werken einige Rezepte für *gnocchi* aufgenommen. In Verona wird jedes Jahr zur Karnevalszeit ein *Papa del gnocco* (»Vater des *gnocco*«) gewählt.

1 kg Eiertomaten, geschält, entkernt und gehackt
Salz
$1\frac{1}{4}$ kg mehlige Kartoffeln
200 g Mehl sowie etwas Mehl zum Bestäuben
2 große Eigelbe oder 1 großes Ei, falls die pürierten Kartoffeln sehr trocken sind
frisch gemahlener Pfeffer
6 EL bestes kaltgepreßtes Olivenöl
60 g frisch geriebener Parmesan

Die Tomaten in ein Sieb geben, mit Salz bestreuen und etwa 30 Minuten abtropfen lassen.
◈ Die Kartoffeln in der Schale gar kochen. Das Wasser abgießen und die Kartoffeln schälen. Die Kartoffeln durch die Kartoffelpresse geben oder so lange stampfen, bis das Püree ganz glatt ist. Aus Kartoffeln, Mehl und Eiern *gnocchi* wie auf der gegenüberliegenden Seite beschreiben herstellen.
◈ Die *gnocchi* beiseite stellen und die Sauce zubereiten.
◈ Die abgetropften Tomaten in einen Topf geben und bei niedriger Temperatur 10 Minuten köcheln lassen. Mit Salz und Pfeffer würzen, das Öl unterrühren und die Sauce warm stellen.
◈ In einem großen Topf Salzwasser aufkochen lassen und die *gnocchi* nacheinander hineingeben. Sobald sie an der Oberfläche schwimmen, nach etwa 3 Minuten, mit einem Schaumlöffel herausnehmen und auf einer vorgewärmten Platte anrichten. Die Tomatensauce über die *gnocchi* geben, mit Parmesan bestreuen und sofort auftragen.

Für 6 Personen

Von oben nach unten: Kartoffelnocken mit Tomatensauce, Tortelli mit Käse und Trüffelbutter, Linguine mit Paprika

1. Die zerstampften Kartoffeln auf ein Brett oder eine bemehlte Arbeitsfläche häufen, die Hälfte des Mehls zugeben und eine Mulde in die Mitte drücken. Die Eigelbe oder das ganze Ei in die Mulde geben.

Die Zutaten zu einem glatten, festen Teig kneten.

2. Arbeitsfläche und Hände mit Mehl bestäuben. Den Teig in große Portionen aufteilen und jede Portion mit den Händen zu Rollen von 1 cm Durchmesser formen.

3. Die Teigrollen in 3 cm große Stücke schneiden und mit einer Gabel das charakteristische Rillenmuster hineindrücken. (In Italien werden hierfür kleine geriffelte Holzbrettchen verwendet, die auch bei uns in einigen Küchengeschäften erhältlich sind.)

Linguine alla Peperonata
Linguine mit Paprikaschoten

Nudeln sollten immer *al dente* gekocht sein, es ist jedoch schwierig, allgemeinverbindliche Kochzeiten anzugeben, da diese von der Nudelsorte und vom Fabrikat abhängig sind. Zwei Dinge sollte man auf jeden Fall vermeiden: Man sollte Nudeln nie unter kaltem Wasser abschrecken, um den Garprozeß zu unterbrechen (es reicht, wenn man sie in eine kalte Schüssel gibt und mit etwas Öl oder zerlassener Butter vermengt, damit sie nicht aneinanderkleben), und vor allem sollte man Nudeln niemals vorkochen, um sie dann kurz vor dem Servieren fertig zu garen.

300 g Tomaten, geschält, entkernt und in Würfel geschnitten
Salz
3 Paprikaschoten, rote und gelbe
6 EL bestes kaltgepreßes Olivenöl
1 Zwiebel, in Scheiben geschnitten
1 Prise fein zerstoßene rote Chilischote
1 Handvoll frische Basilikumblätter, in Streifen geschnitten
600 g *linguine*

Die Tomatenwürfel in ein Sieb geben, mit etwas Salz bestreuen und 30 Minuten abtropfen lassen. Den Backofen auf 180° C vorheizen.

◻ Die Paprikaschoten auf einem Backblech in den vorgeheizten Ofen schieben und 20 Minuten garen. Aus dem Ofen nehmen, in Alufolie wickeln und 20 Minuten ruhen lassen. Die Paprikaschoten aus der Folie nehmen, halbieren, die Haut abziehen und das Fruchtfleisch in lange, dünne Streifen schneiden.

◻ Das Öl in einer Pfanne bei niedriger Temperatur erhitzen. Die Zwiebel hineingeben und in etwa 3 Minuten glasig werden lassen, gelegentlich umrühren. Paprikaschoten und Tomaten zugeben und zugedeckt 5 Minuten köcheln lassen. Mit Salz abschmecken und mit der zerstoßenen Chilischote und den Basilikumblättern bestreuen.

◻ In der Zwischenzeit in einem großen Topf Salzwasser zum Kochen bringen, die *linguine* hineingeben und *al dente* kochen.

◻ Die *linguine* in ein Sieb gießen, abtropfen lassen und auf einer vorgewärmten Platte anrichten. Mit der Paprikasauce begießen, vermengen und sofort auftragen.

Für 6 Personen

Neuerdings zieht man frische Nudeln getrockneten vor, im Glauben, daß alles besser sei, was frisch zubereitet wird. Zwar schmeckt frische Pasta gut zu leichten Saucen und zarten Zutaten, dennoch ist es falsch, auf getrocknete Nudeln zu verzichten, denn sie passen gut zu deftigen Zutaten wie Würsten oder Auberginen. Die rauhere Oberfläche getrockneter Teigwaren nimmt Saucen besser auf. Dieser Effekt wird durch die vielfältigen Formen der *pasta asciutta* – Rillen, Löcher und Windungen – verstärkt. In der winzigen Nudelfabrik Martelli bei Pisa betreibt man die Pasta-Produktion noch gemächlich. Hier werden die Nudeln langsam durch die Form gepreßt, wodurch sie eine leicht poröse Oberfläche bekommen. So bleibt die Sauce an den Nudeln und nicht am Teller haften.

Tortelli di Formaggio e Burro di Tartufo

Teigtäschchen mit Käse und Trüffelbutter

100 g Gorgonzola
100 g Ricotta
150 g frisch geriebener Parmesan
1 Ei
200 g Mehl
2 große Eier
4 EL (60 g) Butter und 4 EL (60 g) Trüffelbutter oder
120 g Butter, falls Sie keine Trüffelbutter verwenden

Für die Füllung Gorgonzola, Ricotta, 100 g Parmesan und ein Ei in die Küchenmaschine oder den Mixer geben, zu einer glatten Paste verarbeiten und beiseite stellen.

▨ Aus Mehl und Eiern einen Nudelteig nach den Anleitungen auf Seite 19 herstellen.

▨ Den ausgerollten Teig in 10 cm breite Streifen schneiden, die *tortelli,* wie auf Seite 33 beschrieben, herstellen und in 5 cm große Quadrate schneiden. Die *tortelli* auf einer bemehlten Arbeitsfläche oder, falls sie nicht sofort gekocht werden, mit Klarsichtfolie abgedeckt im Kühlschrank – nicht länger als 6 Stunden – aufbewahren.

▨ In einem großen Topf Salzwasser zum Kochen bringen. Die Butter in einem anderen Topf bei niedriger Temperatur zerlassen, die Trüffelbutter zugeben und warm halten. Falls Sie auf Trüffelbutter verzichten, insgesamt 120 g Butter zerlassen. Die Temperatur herunterschalten und in das leise köchelnde Salzwasser nacheinander die *tortelli* geben. Sobald sie an die Oberfläche steigen, nach etwa 2 Minuten, mit einem Schaumlöffel herausnehmen und auf einer vorgewärmten Platte anrichten. Die *tortelli* mit dem restlichen Parmesan bestreuen, die Trüffelbutter darübergeben und heiß servieren.

Für 6 Personen

Die weiße Trüffel ist ein fester, stark aromatisch riechender Pilz, der unter der Erdoberfläche wächst und hauptsächlich in der Toskana, im Piemont und in den Marken zu finden ist. Da Trüffeln unter der Erde wachsen, lassen sie sich nur mit einem guten Geruchssinn finden. Früher setzte man zur Trüffelsuche hauptsächlich Säue ein, denn das Trüffelaroma ist dem Hormongeruch des Ebers in der Paarungszeit ähnlich. Besser gedacht als getan – die Trüffelsucher hatten oft ihre liebe Not, die außer Rand und Band geratene Sau daran zu hindern, die Trüffeln in ihrer Liebestollheit zu fressen. Heute haben Hunde die Schnüffelarbeit übernommen. Ein guter Trüffelhund ist nicht mit Gold aufzuwiegen, denn Trüffeln erzielen astronomische Preise – in knappen Jahren über 5000 Mark für ein Kilo.

Lasagne al Pesto

Lasagne mit Basilikumsauce

Lasagne mit pesto, einer Sauce aus Knoblauch, Olivenöl, frischem Basilikum, Pinienkernen, Pecorino und Parmesan, sind eine Spezialität Liguriens. Kaufen Sie nur im Notfall pesto fertig im Glas, frisch zubereiteter schmeckt einfach besser. Basilikum hält sich, auch mit Öl bedeckt und im Kühlschrank, nicht länger als einige Tage, denn es gärt schnell. Da man für die Zubereitung von frischem pesto nur wenige Minuten braucht, sollte man lieber erst kurz vor dem Servieren damit beginnen.

300 g Mehl
3 große Eier
1 Bund Basilikum
Salz
2 Knoblauchzehen
2 EL Pinienkerne
3 EL frisch geriebener Pecorino
3 EL frisch geriebener Parmesan
$1/8$ l bestes kaltgepreßtes Olivenöl

Aus Mehl und Eiern einen Nudelteig, wie auf Seite 19 beschrieben, herstellen. Den ausgerollten Teig in 10 cm große Quadrate schneiden. Mit einem Tuch abgedeckt auf einer bemehlten Arbeitsfläche ruhen lassen.

▦ Für den pesto Basilikum und Salz (ohne Salz würde das Basilikum seine grüne Farbe verlieren und sich schwarz verfärben) in der Küchenmaschine oder in einem Mixer kurz zerkleinern, Knoblauch, Pinienkerne und den geriebenen Käse zugeben und bei laufendem Motor das Öl in dünnem Strahl zugießen. Die Maschine so lange laufen lassen, bis alles gut miteinander verbunden ist.

▦ In einem großen Topf Salzwasser zum Kochen bringen und die lasagne, immer nur wenige auf einmal, hineingeben. Sobald sie an der Oberfläche schwimmen, mit einem Schaumlöffel herausnehmen und auf einer vorgewärmten Platte anrichten. Pesto gut mit 6 EL Nudelkochwasser verrühren, über die lasagne gießen und sofort auftragen.

Für 6 Personen

Passatelli alla Romagnola

Bologneser »Spätzle«

Passatelli, ein traditionelles Gericht aus der Emilia-Romagna, werden dort mit einem speziellen *passatelli*-Durchschlag hergestellt. Der Teig besteht meist aus Brotkrumen, Eiern, Parmesan, Muskatnuß, Zitronenschale und Rindermark. In Italien gehört Rindermark unbedingt in den Teig, denn es macht ihn schön locker. Man kann das Rindermark aber durch die gleiche Menge Butter ersetzen. Der Teig läßt sich zugedeckt bis zu drei Stunden im Kühlschrank aufbewahren.

2 EL weiche Butter
60 g weiche frische Krumen von kräftigem dunklem Brot, ohne Rinde
60 g frisch geriebener Parmesan
60 g Mortadella, sehr fein gehackt oder durch den Fleischwolf gedreht
1 Ei
1 TL geriebene Zitronenschale
$\frac{1}{4}$ TL frisch geriebene Muskatnuß
Salz und frisch geriebener Pfeffer
$\frac{1}{2}$ l leichte Fleischbrühe

Für die *passatelli* Butter, Brotkrumen, Parmesan, Mortadella, Ei, Zitronenschale und Muskatnuß in eine Schüssel geben und mit Salz und Pfeffer würzen. Den Teig gründlich mit den Händen durchkneten. Man kann den Teig aber auch in der Küchenmaschine bearbeiten. Falls er zu fest sein sollte, vorsichtig etwas Brühe zugeben. Der Teig darf jedoch auf keinen Fall zu weich werden.
▨ Die Brühe in einem großen Topf aufkochen lassen, den Teig in eine Kartoffelpresse, einen Spätzlehobel oder ein Sieb mit großer Lochung (die *passatelli* haben eine kurze zylindrische Form) geben und direkt in die kochende Brühe passieren. Nach etwa 2 Minuten, wenn die »Spätzle« an der Oberfläche schwimmen, mit einer Schöpfkelle Brühe und *passatelli* auf Suppenteller verteilen und servieren.

Für 2 Personen

Im Uhrzeigersinn von oben links: Bologneser »Spätzle«, Polenta mit Pilzen, Breite Nudeln mit Kichererbsen

Stracci e Ceci
Breite Nudeln mit Kichererbsen

Kichererbsen gehören zu den wenigen Gemüsearten, die man ohne weiteres aus der Dose verwenden kann, obwohl auch hier getrocknete vorzuziehen sind. *Stracci* sind breite, etwa 5 cm lange Nudeln.

300 g getrocknete Kichererbsen
9 EL bestes kaltgepreßtes Olivenöl
60 g *pancetta* oder Bauchspeck, in kleine Würfel geschnitten
3 EL feingehackter frischer Rosmarin
3 Knoblauchzehen, gehackt
2 l leichte Fleischbrühe
150 g Mehl
1 großes Ei und 1 Eigelb
Salz und frisch gemahlener Pfeffer

Die Kichererbsen mit kaltem Wasser bedecken und etwa 12 Stunden darin einweichen. Das Einweichwasser abgießen, die Kichererbsen abtropfen lassen und in einen hohen Topf geben. Etwa 3 cm hoch mit Wasser bedecken, 1 EL Öl zugießen und die Kichererbsen zugedeckt bei sehr niedriger Temperatur etwa 3 Stunden köcheln lassen. Den Topf vom Herd nehmen, das Wasser aber nicht abgießen.

◪ Bei mittlerer Temperatur 2 EL Öl in einem Suppentopf erhitzen, Speck, Rosmarin und Knoblauch hineingeben und den Speck unter Rühren in etwa 5 Minuten glasig werden lassen. Die Brühe und Kichererbsen samt Garflüssigkeit zugießen und bei niedriger Temperatur etwa 10 Minuten köcheln lassen.

◪ Aus Mehl und Eiern nach Anleitung (siehe Seite 19) einen Teig herstellen. Aus dem ausgerollten Teig Nudeln von 2 cm Breite und 5 cm Länge schneiden. Die *stracci* mit einem Tuch abdecken und beiseite stellen.

◪ Die Kichererbsen kurz mit einem Pürierstab zerkleinern, so daß etwa die Hälfte davon noch ganz bleibt. Die Nudeln hineingeben und etwa 2 Minuten kochen, bis sie an die Oberfläche steigen. Mit Salz und Pfeffer abschmecken und auf sechs Suppenteller verteilen. Über jede Portion 1 EL Olivenöl träufeln und auftragen.

Für 6 Personen

Polenta ai Funghi

Polenta mit Pilzen

Polenta wurde ursprünglich nicht aus Mais zubereitet, denn dieser war in Italien bis zur Entdeckung Amerikas durch Christoph Kolumbus unbekannt und erfreute sich auch danach bis Ende des 17. Jahrhunderts keiner großen Beliebtheit. Vorher wurde *Polenta* aus Kichererbsenmehl, Buchweizen oder anderen Getreidearten hergestellt. Traditionell wird *polenta* in einem blanken Kupfertopf gekocht.

1½ l Wasser
Salz
300 g grobes *polenta*-Mehl (Maismehl)
300 g frische Steinpilze, Shiitake-Pilze, Champignons oder Egerlinge
3 EL bestes kaltgepreßtes Olivenöl
2 Knoblauchzehen, geschält und in dünne Scheiben geschnitten
¼ l Crème double
1 EL gehackte glattblättrige Petersilie

Das Wasser in einem großen Topf bei hoher Temperatur zum Kochen bringen. Etwas Salz zugeben und das Maismehl einrieseln lassen, dabei ständig mit dem Schneebesen rühren. Die Hitze reduzieren und die *polenta* unter ständigem Rühren mit einem Holzlöffel etwa 40 Minuten köcheln lassen, bis sie dick ist und sich vom Topfrand löst. (Bei uns ist auch *polenta*-Mehl erhältlich, das nur 5 Minuten gekocht werden muß.)

In der Zwischenzeit die Pilze mit einem trockenen Tuch oder mit Küchenpapier abreiben. Bei Steinpilzen werden Kappen und Stiele verwendet, falls Sie das Gericht mit Shiitake-Pilzen, Champignons oder Egerlingen zubereiten, den Stiel entfernen und die Kappen in Scheiben schneiden.

Das Öl in einer Pfanne bei niedriger Temperatur erhitzen. Den Knoblauch hineingeben und in etwa 2 Minuten glasig werden lassen. Die Pilze zufügen und bei mittlerer Hitze ungefähr 5 Minuten schmoren, bis sie gar sind. Die Crème double unterrühren, aufkochen lassen, mit der Petersilie bestreuen und mit Salz abschmecken.

Die *polenta* auf einer vorgewärmten Platte anrichten, das Pilzgemüse darüber verteilen und sofort servieren.

Für 6 Personen

Polenta wird aus gemahlenem Zahn- oder Pferdemais, also aus Maissorten mit hartem Kern, zubereitet. Weichkörnige Sorten kennt man in Italien nur in Dosen, die aus Amerika eingeführt werden. Um geschmacklich besseres *polenta*-Mehl anbieten zu können, sind einige kleinere Maisanbauer wieder dazu übergegangen, fast vergessene Maisarten, die wesentlich aromatischer sind als die gängigen modernen Hybridsorten, neu zu züchten. Zu ihnen gehört auch die Fattoria Scotti, die den Mais in einer alten wasserbetriebenen Schlagmühle mahlt, die das Mahlgut beim Zerkleinern nicht so stark erhitzt wie Mahlplatten aus Metall. Das Maismehl erhält so eine angenehme, gröbere Struktur.

31

Ravioli ai Carciofi
Ravioli mit Artischocken

Ravioli, tortelli und *agnolotti* sind nur regional unterschiedliche Namen für die gleiche Pasta-Zubereitung, nämlich gefüllte Teigtaschen. In der Lombardei heißen Teigtaschen, hier meist mit Spinat und Ricotta gefüllt, *ravioli;* im Piemont nennt man sie *agnolotti,* in der Emilia-Romagna und in der Toskana *tortelli.*

$^1/_8$ l bestes kaltgepreßtes Olivenöl
300 g frische Artischockenböden, geputzt und in dünne Scheiben geschnitten
1 Knoblauchzehe, fein gehackt
3 EL frisch geriebener Parmesan
1 EL feingehackte frische Minze, Thymian oder glattblättrige Petersilie
300 g Mehl
3 große Eier

In einem großen Topf 2 EL Öl bei niedriger Temperatur erhitzen. Artischockenböden und Knoblauch hineingeben, gut umrühren und zugedeckt etwa 10 Minuten schmoren, bis das Gemüse weich ist. Die Artischockenböden auf einem Brett fein hacken, in eine Schüssel geben, Parmesan und Kräuter zufügen, alles gut miteinander vermengen und beiseite stellen.

▣ Aus Mehl und Eiern einen Nudelteig, wie auf Seite 19 beschrieben, vorbereiten.

▣ Den ausgerollten Teig in 10 cm breite Streifen schneiden und *ravioli,* wie auf der gegenüberliegenden Seite beschrieben, herstellen.

▣ Die *ravioli* auf einer leicht bemehlten Arbeitsfläche oder, falls sie nicht sofort gekocht werden sollen, mit Klarsichtfolie abgedeckt – nicht länger als 6 Stunden – im Kühlschrank aufbewahren.

▣ Salzwasser in einem großen Topf zum Kochen bringen, die Temperatur herunterschalten und die *ravioli,* immer nur wenige auf einmal, hineingleiten lassen. Wenn sie an die Oberfläche steigen, nach etwa 2 Minuten, mit einem Schaumlöffel herausnehmen und auf einer vorgewärmten Platte anrichten. Die *ravioli* mit dem restlichen Öl beträufeln und sofort auftragen.

Für 6 Personen

Von oben nach unten: Risotto mit Wachteln, Ravioli mit Artischocken, Kleine Spinatnocken mit Wirsing

1. Die Teigstreifen in zwei gleich große Mengen teilen. Die eine Hälfte der Teigstreifen auf einer bemehlten Arbeitsfläche auslegen und mit je einem Eßlöffel der Füllung im Abstand von 5 cm belegen. (Die restliche Hälfte der Teigstreifen währenddessen zugedeckt ruhen lassen.)

2. Die Ränder und Zwischenräume der mit der Füllung belegten Teigstreifen mit den Fingern oder einem Backpinsel mit Wasser benetzen.

3. Jeden belegten Teigstreifen mit einem der restlichen Streifen abdecken und mit den Fingern an den Rändern und zwischen den Füllungen fest andrücken.

4. Mit einer runden Ausstechform mit gewelltem Rand von 5 cm Durchmesser Teigtaschen ausstechen oder mit einem geriffelten Teigrädchen Quadrate von 5 cm Kantenlänge um die Füllungen herum ausschneiden.

33

Gnocchetti alle Verze

Kleine Spinatnocken mit Wirsing

300 g Spinat, gekocht, kräftig ausgedrückt und sehr fein gehackt
350 g Mehl
1 EL bestes kaltgepreßtes Olivenöl
2 Eier
Salz und frisch gemahlener Pfeffer
4 EL (60 g) Butter
1 Zwiebel, fein gehackt
300 g Wirsingblätter, in feine Streifen geschnitten
1/8 l Milch
60 g frisch geriebener Parmesan
60 g frisch geriebener Fontina

Für die *gnocchetti* den Spinat in eine Schüssel geben. Mehl, Öl und Eier zufügen und mit Salz und Pfeffer würzen. Den Teig mit den Händen gründlich durchkneten.

▩ Weiter nach Punkt 2 und 3 der Anleitung für die Zubereitung von *gnocchi* auf Seite 23 verfahren und Teigrollen von 2 1/2 cm Durchmesser und 10 cm Länge formen. Die Teigrollen in 1 1/2 cm dicke Scheiben schneiden.

▩ Für die Sauce die Butter in einem großen Topf bei mittlerer Hitze zerlassen. Die Zwiebel hineingeben und in etwa 8 bis 10 Minuten unter Rühren goldgelb werden lassen. Den Wirsing zufügen, mit Salz und Pfeffer abschmecken und ohne Deckel 10 Minuten schmoren lassen, dabei häufig umrühren. Die Milch zugießen, die Temperatur herunterschalten und die Wirsingsauce 20 Minuten leicht köcheln lassen. Beide geriebene Käsesorten unterrühren, den Topf vom Herd nehmen und beiseite stellen.

▩ Für die *gnocchetti* in einem großen Topf Salzwasser zum Kochen bringen. Die Hitze reduzieren und die *gnocchetti,* immer nur wenige auf einmal, in das leicht kochende Wasser gleiten lassen. Wenn die *gnocchetti* an die Oberfläche steigen, nach etwa 2 Minuten, mit einem Schaumlöffel herausnehmen und in den Topf zur Wirsingsauce geben. Den Topf noch einmal auf den Herd stellen und die *gnocchetti* und die Sauce einige Minuten bei mittlerer Temperatur unter Rühren erhitzen. Auf einer vorgewärmten Platte anrichten und sofort auftragen.

Für 6 Personen

Risotto alle Quaglie

Risotto mit Wachteln

6 Wachteln
1 EL frisch gehackter Rosmarin
Salz und frisch gemahlener Pfeffer
6 sehr dünne Scheiben *pancetta* oder Bauchspeck
125 g Butter
1 Flasche (0,75 l) Chianti Classico Riserva oder ein anderer guter Rotwein
1 l leichte Fleischbrühe
3 Frühlingszwiebeln, in Scheiben geschnitten
600 g Arborio- oder Vialone-nano-Reis
60 g frisch geriebener Parmesan

Den Backofen auf 165° C vorheizen. Die Wachteln mit Salz, Pfeffer und Rosmarin einreiben und jeweils mit einer Scheibe *pancetta* umwickeln. Mit Küchengarn binden. Die Vögel mit 2 EL Butter in einen Bräter geben.

Die Wachteln im vorgeheizten Ofen etwa 30 Minuten braten, dabei nach und nach mit insgesamt $^1/_8$ l Rotwein begießen, damit sie schön saftig bleiben. Weitere 30 Minuten braten. In der Zwischenzeit den *risotto* vorbereiten.

Für den *risotto* die Brühe in einen Topf gießen und bei niedriger Temperatur köcheln lassen. In einem schweren Topf die Hälfte der restlichen Butter bei niedriger Temperatur zerlassen. Die Zwiebeln hineingeben und etwa 3 Minuten braten, bis sie glasig sind. Den Reis zugeben, den Herd auf Mittelhitze schalten und den Reis unter Rühren in etwa 2 Minuten ebenfalls glasig werden lassen. $^1/_2$ l kochende Brühe zugießen und gut umrühren. Wenn die Flüssigkeit fast vollständig vom Reis aufgenommen ist, schöpfkellenweise Brühe und den restlichen Wein zugeben. Dabei immer darauf achten, daß die meiste Flüssigkeit schon vom Reis aufgenommen ist, bevor man neue nachgießt. Der Reis sollte immer von einer dünnen Schicht Flüssigkeit bedeckt sein.

Den Reis insgesamt 15 Minuten garen, dann den Topf vom Herd nehmen. Den Parmesan und die restliche Butter unterrühren, mit Salz und Pfeffer abschmecken und den *risotto* 2 Minuten ziehen lassen.

Den *risotto* auf einer vorgewärmten Platte anrichten, die Wachteln darauf arrangieren und heiß auftragen.

Für 6 Personen

Ich serviere meinen Gästen in Coltibuono gern einen einfachen grünen Salat. Er paßt ausgezeichnet zu gebratenem Huhn oder als Zwischengang nach einem Risotto mit Wachteln. Das wichtigste für einen guten Salat sind frischeste Zutaten und bestes kaltgepreßtes Olivenöl. Ich bevorzuge eine Mischung aus verschiedenen jungen Blattsalaten, darunter *rucola* (Rauke), und frischen Kräutern. Die Auswahl richtet sich nach dem Angebot der Jahreszeit und danach, was gerade im Garten wächst. Die Salatblätter werden gründlich gewaschen, man läßt sie gut abtropfen und zerpflückt sie in mundgerechte Stücke. Ich löse 1 Prise Salz in einem Eßlöffel Rotweinessig auf und rühre vier Eßlöffel Olivenöl unter. Der Salat wird mit dem Dressing vermischt und nach Belieben mit gehackten frischen Kräutern und frisch gemahlenem Pfeffer gewürzt.

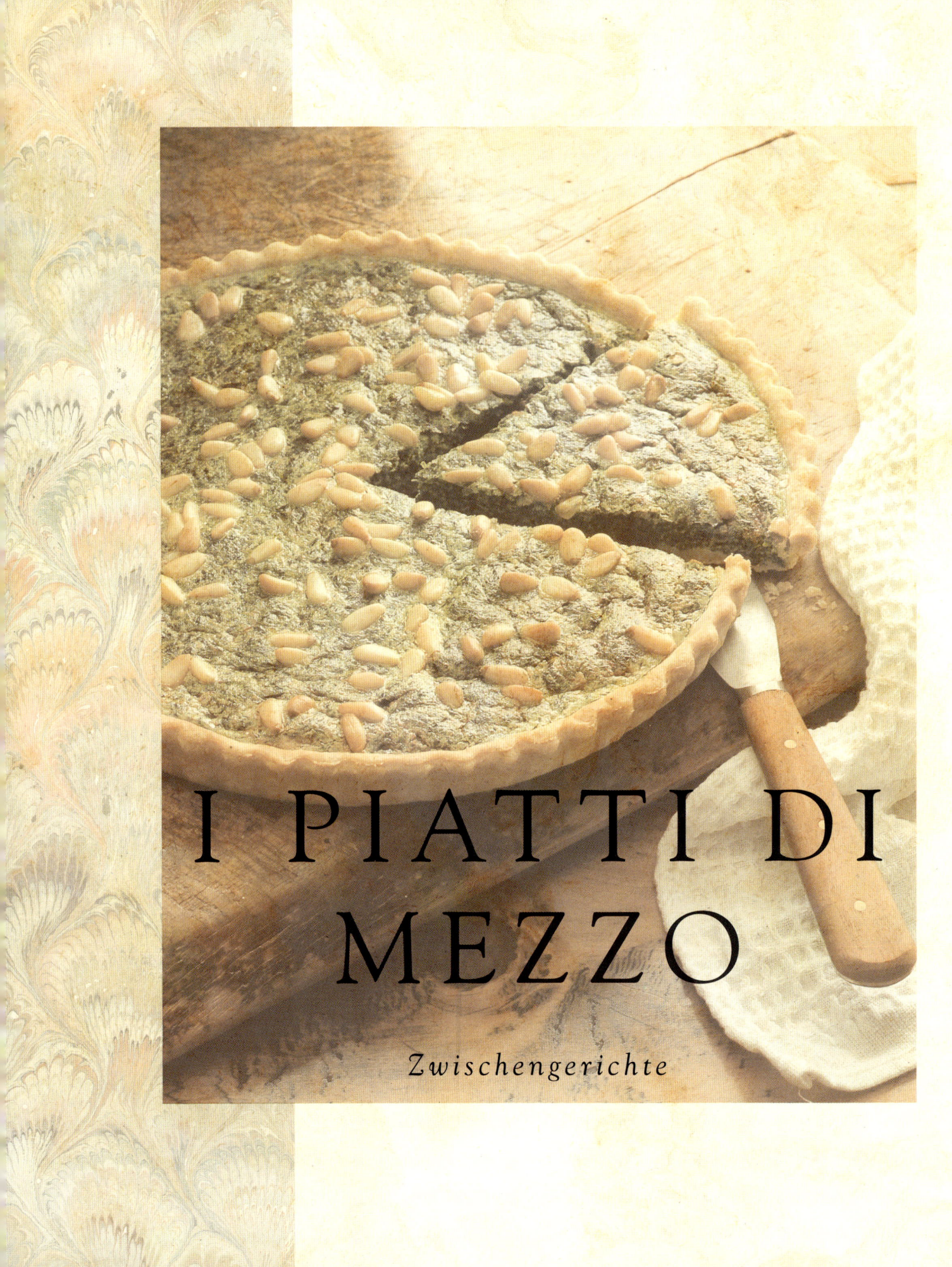

I PIATTI DI MEZZO

Zwischengerichte

Ein *piatto di mezzo* oder Zwischengericht ist ein willkommener Pausenfüller zwischen den zwei Hauptgängen eines italienischen Menüs, dem *primo piatto* und dem *secondo piatto*. Ein *piatto di mezzo* wird gewöhnlich nur bei einem aufwendigen Essen oder einem formellen Festmahl im eigenen Heim oder in einem exklusiven Restaurant serviert und gibt den Gästen Gelegenheit, sich zu entspannen und in ein Gespräch zu vertiefen. Zudem bietet das Zwischengericht die Möglichkeit, den Wein, der die Hauptmahlzeit begleiten soll, zu servieren.

Da der *piatto di mezzo* den gewohnten Ablauf der Menüfolge unterbricht, sollte er leicht und erfrischend sein und den Gaumen auf den nächsten Gang und die begleitenden Weine einstimmen. Knusprig geröstetes Brot, mit Olivenpaste bestrichen, oder leicht gekühlte, mit Olivenöl beträufelte und mit Basilikumblättern belegte Scheiben Mozzarella eignen sich hervorragend dazu, ebenso zahllose Eierspeisen, zum Beispiel *frittata arrotolata*, ein dünnes Omelette, das mit gewürztem Spinat gefüllt ist, oder gegrillte Polenta mit kurz gebratenen Eiern sowie *sformatini di piselli in salsa di zucchine*, ein wohlschmeckender Flan mit zarten grünen Erbsen, der mit einer sämigen Sauce aus Zucchini und Olivenöl serviert wird. Auch frisch gebackene Fladenbrote wie *piadina* und *schiacciata* sind beliebte Zwischengerichte.

Die für das Zwischengericht verwendeten Gemüse sollten in den folgenden Menügängen dann nicht mehr erscheinen. Wenn man eine *torta di spinaci*, eine würzige Spinattorte mit Pinienkernen und Rosinen, als Zwischengang serviert, sollte man also zum Beispiel keine *spinaci agli amaretti* als *contorno* oder Gemüsebeilage auftragen. Und auf *crostini* mit Salatblättern und *prosciutto* sollten keine *involtini* aus Salatblättern folgen.

Ein guter Rat zum Schluß: Für ein *piatto di mezzo* sollten, wenn irgend möglich, immer frische Kräuter verwendet werden. Sie unterstreichen das Aroma der anderen Zutaten des Zwischengerichts und tragen zu dem leichten, unverfälschten Geschmack bei, der jeden *piatto di mezzo* auszeichnen sollte.

Crostoni di Lattuga al Prosciutto

Geröstetes Brot mit Salatherzen und Schinken

Crostoni kann man gut als Zwischengericht oder auch als ersten Gang zu einem ungezwungenen Mittagessen reichen. Der grüne Salat läßt sich auch durch Römischen Salat, Mangold, halbierte Fenchelknollen oder Artischocken ersetzen.

6 Kopfsalatherzen
3 EL Butter
6 Scheiben Kastenweißbrot
6 dünne Scheiben Fontina oder Gruyère, in Größe der Brotscheiben zugeschnitten
6 Scheiben luftgetrockneter italienischer Schinken
100 g frisch geriebener Parmesan

Den Backofen auf 200° C vorheizen. Von den Kopfsalatherzen den Wurzelansatz entfernen und anschließend jeweils mit Küchengarn binden. Eine große Schüssel mit Eiswasser bereitstellen. In einem großen Topf Salzwasser aufkochen lassen, die Salatherzen hineingeben und 1 Minute blanchieren. Mit einem Schaumlöffel aus dem Topf nehmen, kurz abtropfen lassen und ins Eiswasser geben. Wieder herausnehmen, abtropfen lassen und auf einem sauberen Küchentuch beiseite stellen.

In einem Topf bei mittlerer Temperatur 2 EL Butter zerlassen. Die Kopfsalatherzen hineingeben und etwa 3 Minuten schmoren, dabei gelegentlich vorsichtig wenden. Den Salat aus dem Topf nehmen und das Küchengarn entfernen. Die Brotscheiben mit dem restlichen Eßlöffel Butter bestreichen, in den Backofen geben und in etwa 3 Minuten goldbraun rösten. (Die *crostoni* lassen sich bis zu diesem Arbeitsgang im voraus zubereiten und unmittelbar vor dem Servieren fertigstellen.)

Jede geröstete Scheibe Weißbrot mit einem Kopfsalatherz und einer Scheibe Käse belegen, darüber eine Scheibe Schinken geben und das Brot nochmals für etwa 5 Minuten in den Backofen schieben. Die *crostoni* mit Parmesan bestreuen und sofort servieren.

Für 6 Personen

Im Uhrzeigersinn von oben links: Salat aus Stockfisch und Bohnen, Gegrillte Polenta mit Spiegelei, Geröstetes Brot mit Salatherzen und Schinken

Insalata di Baccalà e Fagioli

Salat aus Stockfisch und Bohnen

Stockfisch erfreut sich überall in Italien großer Beliebtheit, besonders aber in Venetien, Ligurien und Neapel. Stockfisch von guter Qualität ist an seiner stärksten Stelle etwa 3 cm dick und hat eine helle Farbe. Stockfisch, der sich schon gelblich verfärbt, ist überlagert und sollte nicht gekauft werden. Arbeitssparend ist es, schon filetierten Stockfisch zu kaufen, allerdings verliert er so ein wenig an Aroma.

600 g filetierter Stockfisch
300 g getrocknete *borlotti*- oder Feuerbohnen
6 EL bestes kaltgepreßtes Olivenöl
Saft von ½ Zitrone
Salz und frisch gemahlener Pfeffer
2 EL Schnittlauchröllchen

Den Stockfisch in eine Schüssel geben und mit kaltem Wasser bedecken. 24 Stunden im Kühlschrank ziehen lassen, dabei das Wasser viermal wechseln. Den eingeweichten Stockfisch aus dem Wasser nehmen, gut abtropfen lassen und mit Küchenpapier trockentupfen.

In der Zwischenzeit die Bohnen mit kaltem Wasser bedecken und 12 Stunden darin einweichen. Die Bohnen abtropfen lassen, in einen großen Topf geben, mit Wasser bedecken und zugedeckt bei niedriger Temperatur etwa 1½ Stunden köcheln lassen, bis sie gar sind. Das Wasser abgießen, die Bohnen abtropfen lassen und beiseite stellen.

Den Stockfisch in einen großen Topf geben, großzügig mit Wasser bedecken und zum Kochen bringen. Den Topf vom Herd nehmen und den Stockfisch zugedeckt im Wasser lauwarm werden lassen. Den Fisch gut abtropfen lassen, zerpflücken und in eine Salatschüssel geben. Bohnen, Olivenöl, Zitronensaft, Salz und Pfeffer sowie Schnittlauchröllchen zufügen, alles miteinander vermengen und servieren.

Für 6 Personen

Polenta alla Griglia

Gegrillte Polenta mit Spiegelei

Polenta wird bevorzugt in Norditalien gegessen. Während der Trüffelsaison wird sie gern mit der kostspieligen weißen Knolle aromatisiert. Viele Norditaliener betrachten *polenta* mit Trüffelspänen als die beste Art, den kostbaren Pilz zu genießen.

$^3/_4$ l Wasser
Salz
150 g *polenta*-Mehl (Maismehl)
6 EL bestes kaltgepreßtes Olivenöl
6 Eier
Salz und frisch gemahlener Pfeffer
50 g frisch geriebener Parmesan

Das Wasser in einem großen Topf bei hoher Temperatur aufkochen lassen, etwas Salz zufügen und das Maismehl unter ständigem Rühren mit dem Schneebesen einrieseln lassen. Die Hitze reduzieren und die *polenta* etwa 40 Minuten köcheln lassen, bis sie dick ist und sich vom Topfrand löst. Dabei des öfteren mit einem langen Holzlöffel umrühren.

▨ Die gekochte *polenta* in eine mit kaltem Wasser ausgespülte quadratische Form von 15 cm Kantenlänge füllen, glattstreichen und vollkommen auskühlen lassen. Aus der Form nehmen und in 6 gleich große Stücke schneiden.

▨ Die *polenta*-Scheiben von beiden Seiten mit 3 EL Olivenöl bestreichen und auf dem heißen Grill oder in der Pfanne von jeder Seite 3 Minuten braten.

▨ Das restliche Öl in einer Pfanne bei mittlerer Temperatur erhitzen, die Eier hineinschlagen und nach persönlichem Geschmack braten. Mit Salz und Pfeffer würzen.

▨ Die *polenta*-Scheiben auf einzelnen Tellern anrichten, jeweils ein Spiegelei darauf setzen, mit Parmesan bestreuen und sofort auftragen.

Für 6 Personen

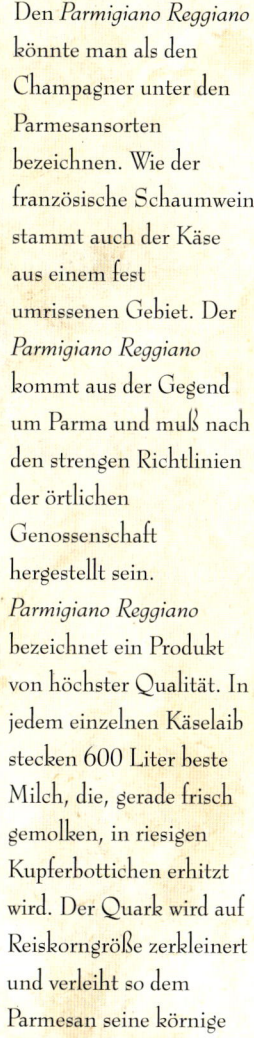

Den *Parmigiano Reggiano* könnte man als den Champagner unter den Parmesansorten bezeichnen. Wie der französische Schaumwein stammt auch der Käse aus einem fest umrissenen Gebiet. Der *Parmigiano Reggiano* kommt aus der Gegend um Parma und muß nach den strengen Richtlinien der örtlichen Genossenschaft hergestellt sein. *Parmigiano Reggiano* bezeichnet ein Produkt von höchster Qualität. In jedem einzelnen Käselaib stecken 600 Liter beste Milch, die, gerade frisch gemolken, in riesigen Kupferbottichen erhitzt wird. Der Quark wird auf Reiskorngröße zerkleinert und verleiht so dem Parmesan seine körnige Konsistenz.

Caprese al Basilico

Mozzarella mit Olivenöl und Basilikum

Der *caprese* ist nach seinem Herkunftsgebiet, Capri, benannt, wo man ihn gelegentlich noch aus reiner Büffelmilch herstellt. Meist findet man aber nur Kuhmilch-Mozzarella im Handel, die in der Gegend um Sorrent produziert wird. Reine Büffelmilch-Mozzarella wird bei uns sehr selten angeboten. Anders in dem Gebiet um Battipaglia beziehungsweise Caserta in der Nähe von Neapel; hier stellt man sie im Frühling noch aus reiner Büffelmilch her, in den übrigen Jahreszeiten hingegen wird sie immer mit einem Teil Kuhmilch versetzt, was ihre Qualität naturgemäß etwas mindert.

600 g Mozzarella
18 frische Basilikumblätter
frisch gemahlener Pfeffer
6 EL bestes kaltgepreßtes Olivenöl

Die Mozzarella in 18 Scheiben schneiden und leicht überlappend auf einer Platte anrichten. Zwischen die einzelnen Scheiben jeweils ein Basilikumblatt legen. Die Mozzarella mit Pfeffer würzen, mit Olivenöl beträufeln und auftragen.

Für 4–6 Personen

Im Uhrzeigersinn von oben links: Gefüllter Hefekranz mit Schweinswurst und Käse, Geröstetes Brot mit Olivenpaste, Mozzarella mit Olivenöl und Basilikum

Bruschetta alle Olive

Geröstetes Brot mit Olivenpaste

Bruschetta, je nach Region auch *fregolotta*, *fett'unta* oder *panunta* genannt, hat mittlerweile auch außerhalb Italiens viele Freunde gefunden. Für die Zubereitung benötigt man bestes kaltgepreßtes Olivenöl. Olivenöl aus der Toskana, besonders das aus der Chianti-Gegend, ist hierfür anderen Ölen vorzuziehen.

12 kleine schwarze Oliven, entsteint
6 Kapern, fein gehackt
1 TL frische Thymianblätter
2 EL bestes kaltgepreßtes Olivenöl
Salz und frisch gemahlener Pfeffer
2 Scheiben kräftiges dunkles Brot

Den Backofen auf 180° C vorheizen. Die Oliven in der Küchenmaschine oder im Mixer zu einem glatten Püree verarbeiten. Kapern, Thymian und Olivenöl unterrühren und mit Salz und Pfeffer abschmecken.

◼ Das Brot im vorgeheizten Ofen in etwa 5 Minuten goldbraun werden lassen. Aus dem Ofen nehmen und noch heiß mit der Olivenpaste bestreichen. Sofort servieren.

Für 2 Personen

Um die Bezeichnung *extra-vergine* tragen zu dürfen, muß das Olivenöl aus der ersten kalten Pressung stammen und darf nicht mehr als ein Prozent Ölsäure enthalten. Farbe und Aroma spielen für die Auszeichnung ebenfalls eine große Rolle; beide müssen von ausgezeichneter Qualität sein. Erstklassige Olivenöle gibt es in der gleichen aromatischen Vielfalt wie erstklassige Weine. Aroma und Farbe des Öls hängen im wesentlichen von der Erntezeit der Oliven ab. Oliven, die aus einer früheren Ernte im November und Dezember stammen, ergeben ein tiefgrünes Öl mit leicht pfeffrigem Geschmack, während aus Oliven, die später, zwischen Januar und Februar, geerntet werden, ein Öl von zarterem Geschmack und goldgelber Farbe gewonnen wird.

Ciambella alla Salsiccia e Formaggio
Gefüllter Hefekranz mit Schweinswurst und Käse

6 EL lauwarme Milch
6 EL lauwarmes Wasser
1 Würfel (etwa 40 g) frische Hefe, ersatzweise (etwa 15 g) Trockenhefe
350 g Mehl, außerdem etwas Mehl zum Bearbeiten des Teigs
2 EL Butter, zimmerwarm
1 TL Zucker
1 TL Salz
150 g neapolitanische oder eine andere würzige Schweinswurst, in dünne Scheiben geschnitten
150 g Provolone, grob gewürfelt
50 g *pancetta* oder Bauchspeck, in dicke Scheiben geschnitten

Milch und Wasser in eine kleine Schüssel geben, die Hefe hineinbröckeln und darin auflösen. Etwa 10 Minuten gehen lassen.

In die Rührschüssel der Küchenmaschine Mehl, Butter, Zucker und Salz geben und einige Sekunden lang verrühren. Bei laufendem Motor die aufgelöste Hefe hineingeben und so lange bearbeiten, bis sich der Teig zu einer Kugel formt. Den Teig mit den Händen auf einer leicht bemehlten Arbeitsfläche etwa 5 Minuten kneten, bis er glatt und elastisch ist.

Den Teig zu einer Kugel formen, in eine bemehlte Schüssel geben und zugedeckt an einem warmen Platz 2 Stunden gehen lassen, bis er das doppelte Volumen erreicht hat.

In der Zwischenzeit die Füllung vorbereiten. Dafür in der Küchenmaschine oder im Mixer Wurst, Käse und *pancetta* grob zerkleinern.

Den Teig auf eine bemehlte Arbeitsfläche geben, mit den Händen flach drücken und mit einem Nudelholz zu einem Rechteck von 30×20 cm ausrollen. Den Teigfladen gleichmäßig mit der Füllung bedecken, die Ränder unbedeckt lassen. Den Fladen, an der Längsseite beginnend, vorsichtig aufrollen, zu einem Kranz formen und die Enden fest zusammenkneten.

Den Hefekranz zugedeckt an einem warmen Platz etwa 1 Stunde gehen lassen, bis er das doppelte Volumen erreicht hat. In der Zwischenzeit den Backofen auf 200° C vorheizen.

Den gefüllten Hefekranz im vorgeheizten Ofen 20 Minuten backen, die Hitze auf 180° C reduzieren und weitere 30 Minuten backen. Die *ciambella* aus dem Ofen nehmen und vor dem Servieren abkühlen lassen.

Für 6 Personen

Frittata Arrotolata
Omelette-Rolle mit Spinatfüllung

In Italien kennt man viele Varianten für dieses Rezept. Anstelle des Omelettes kann man zum Beispiel in Scheiben geschnittenes Fleisch vom Kalb, Truthahn oder Huhn, eine Lage Hackfleisch oder sogar Kartoffelpüree verwenden. Ebenso läßt sich die Füllung je nach Phantasie variieren: verschiedene Gemüse sowie Schweinswurst, Mortadella, geräucherter oder luftgetrockneter Schinken, auch Hackfleisch können den Spinat ersetzen.

600 g Spinat
3 EL bestes kaltgepreßtes Olivenöl
$\frac{1}{4}$ TL geriebene Muskatnuß
60 g frisch geriebener Parmesan
60 g Pinienkerne (nach Belieben)
6 große Eier
Salz und frisch gemahlener Pfeffer

Den Backofen auf 180° C vorheizen.
▧ In einem großen Topf Salzwasser zum Kochen bringen, den Spinat hineingeben und 1 Minute blanchieren. Gut abtropfen lassen, kräftig ausdrücken und fein wiegen.
▧ In einer Pfanne 2 EL Öl bei niedriger Temperatur heiß werden lassen. Den Spinat hineingeben und unter Rühren 3 Minuten schmoren. Muskatnuß und Parmesan unterrühren und die Pfanne vom Herd nehmen. Die Pinienkerne zugeben, gründlich mit der Spinatmischung vermengen. Beiseite stellen.
▧ Die Eier in eine Schüssel schlagen und mit Salz und Pfeffer verquirlen. Den restlichen Eßlöffel Olivenöl in einer großen beschichteten Pfanne erhitzen und das Omelette, wie auf der gegenüberliegenden Seite beschrieben, braten. Die Füllung gleichmäßig darauf verteilen, dabei den Rand etwas frei lassen, und das Omelette aufrollen.
▧ Die *frittata* für etwa 10 Minuten im vorgeheizten Ofen heiß werden lassen. Herausnehmen, in Scheiben schneiden, auf einer Platte anrichten und sofort auftragen.

Für 6 Personen

Von oben nach unten: Omelette-Rolle mit Spinatfüllung, Ausgebackene Garnelen, Fladenbrot mit Schinken

1. Das Öl in einer großen beschichteten Pfanne bei mittlerer Temperatur erhitzen. Die verquirlten Eier hineingießen und sanft mit einem Holzlöffel auflockern, bis die Masse gestockt ist.

2. Das Omelette auf eine Arbeitsfläche gleiten lassen, die Spinatfüllung darauf gleichmäßig etwa 1 cm dick verteilen, dabei einen Rand von 2 cm aussparen, damit die Füllung beim Aufrollen nicht herausgedrückt wird.

3. Das Omelette samt Füllung zu einer Rolle formen und mit dem Omeletterand nach unten in eine feuerfeste Form legen. Wie im vorhergehenden Rezept beschrieben im Backofen fertig garen.

Crocchette di Gamberoni
Ausgebackene Garnelen

Auch Stockfisch, Spargel, Zucchinischeiben oder -blüten kann man mit diesem Teig überziehen und ausbacken. Die Garnelen sollten nach dem Ausbacken sofort serviert werden, damit man sie noch heiß und knusprig genießen kann.

200 g Mehl
4 EL Bier
3 Eier, getrennt
Salz
$1\frac{1}{4}$ l bestes kaltgepreßtes Olivenöl
18 große Garnelen, geschält und mit entferntem Darm

In einer Schüssel Mehl und Bier miteinander zu einem glatten, dicken Teig verrühren. Die Eigelbe nacheinander unterrühren und den Teig mit Salz abschmecken.

▨ In einer zweiten Schüssel die Eiweiße steif schlagen und vorsichtig unter den Ausbackteig heben. Den Teig 30 Minuten ruhen lassen.

▨ In einem tiefen Topf das Öl auf 170° C erhitzen. Die Garnelen nacheinander erst in den Ausbackteig tauchen – sie sollten gleichmäßig damit überzogen sein – und dann ins heiße Öl gleiten lassen. Darauf achten, daß sie genügend Platz im Topf haben und nicht aneinanderkleben, daher nicht zu viele Garnelen auf einmal in den Topf geben. Die Garnelen in etwa 3 Minuten im Öl goldbraun werden lassen, wenden und von der anderen Seite weitere 2 Minuten ausbacken. Die Schaltiere mit einem Schaumlöffel aus dem Öl nehmen, auf Küchenpapier abtropfen lassen und auf einer vorgewärmten Platte anrichten. Mit den restlichen Garnelen genauso verfahren. Sehr heiß servieren.

Für 6 Personen

Piadina al Prosciutto

Fladenbrot mit Schinken

Dieses Fladenbrot, das man in der Toskana *schiacciata* und in Ligurien *focaccia* nennt, heißt in der Emilia-Romagna *piadina*. Für die klassische Zubereitung braucht man Mehl, Schweineschmalz und Wasser; dieses Rezept ist eine leichtere Variante. Statt der in der Emilia-Romagna traditionell für die *piadina*-Zubereitung verwendeten *testaroli* – Metallplatten oder Grills, auf denen man die Fladen gart – kann man ersatzweise auch eine teflonbeschichtete Pfanne benutzen.

300 g Mehl, außerdem etwas Mehl zum Bearbeiten des Teigs
150 ml Milch
4 EL (60 g) Butter
1 TL Backpulver
Salz
6 Scheiben luftgetrockneter italienischer Schinken

Mehl, Milch, Butter, Backpulver und eine Prise Salz in die Küchenmaschine geben und einige Minuten zu einem weichen Teig verarbeiten.

◉ Den Teig auf einer leicht bemehlten Arbeitsfläche gründlich durchkneten, bis er glatt und geschmeidig ist. Zu einer Kugel formen und den Teig in eine ebenfalls leicht bemehlte Schüssel geben. Mit einem Tuch zugedeckt 30 Minuten ruhen lassen.

◉ Den Teig in 6 gleich große Stücke teilen. Jede Teigportion auf einer leicht mit Mehl bestreuten Arbeitsfläche zu einem runden Fladen von 12 cm Durchmesser und 2 mm Dicke ausrollen.

◉ Eine beschichtete Pfanne bei mittlerer Temperatur erhitzen. Wenn sie sehr heiß ist und zu rauchen beginnt, einen Brotfladen hineingeben und 3 Minuten braten. Mit einem Spatel wenden und, mit einem Teller beschwert, den Fladen von der anderen Seite 2 Minuten garen.

◉ Das Brot aus der Pfanne gleiten lassen, mit den restlichen Teigfladen genauso verfahren. Die *piadine* leicht abkühlen lassen, mit einer Scheibe Schinken belegen und auftragen.

Für 6 Personen

Aus Parma kommen einige der besten italienischen Schinken. Sie stammen von wohlgenährten Schweinen, die mit Getreide, Eicheln und der Molke, die bei der Parmesan-Produktion abfällt, gemästet werden. Dadurch bekommen die Tiere ein besonders saftiges Fleisch, das zudem durch die maßvolle Verwendung von Salz milde bleibt. Während andernorts Schinken vielfach stark gesalzen werden müssen, damit sie nicht verderben, herrscht im Langhirano-Tal ein so trockenes Klima, daß sich die Schinken auch ohne starkes Pökeln gut halten. Nach dem Einsalzen werden die Schinken einem langen Trockenprozeß (*prosciugamento*) unterzogen. Zu Tausenden hängen sie dann in großen hölzernen Lagerhallen, deren Wände mit Lüftungsschlitzen versehen sind, so daß die Luft frei zirkulieren kann und die Schinken langsam reifen.

Pomodori Ripieni
Gefüllte Tomaten

Tomaten kann man auf die unterschiedlichsten Arten füllen – mit gewürfelter Mozzarella, Thunfisch aus der Dose, Bohnen und Zwiebeln oder Ricotta und frischen Kräutern. Gefüllte Tomaten eignen sich hervorragend als Zwischengericht. Sie lassen sich bis zu 6 Stunden im voraus zubereiten und im Kühlschrank aufbewahren. Vor dem Servieren sollte man sie jedoch rechtzeitig herausnehmen, damit sie sich auf Zimmertemperatur erwärmen können.

200 g getrocknete weiße Bohnen
6 große Tomaten
Salz
$\frac{1}{2}$ rote Zwiebel, in hauchdünne Scheiben geschnitten
2 EL gehackte glattblättrige Petersilie
150 g Thunfisch aus der Dose, abgetropft und zerpflückt
$\frac{1}{8}$ l bestes kaltgepreßtes Olivenöl
frisch gemahlener Pfeffer

Die Bohnen in kaltem Wasser etwa 12 Stunden einweichen. Abtropfen lassen und in einen Topf geben. Die Bohnen großzügig mit kaltem Wasser bedecken und zugedeckt etwa $1\frac{1}{2}$ Stunden bei niedriger Temperatur köcheln lassen, bis sie gar sind. Das Wasser abgießen, die Bohnen abtropfen und auskühlen lassen.
▦ Von den Tomaten jeweils einen Deckel abschneiden und mit einem Löffel Kerne und Fruchtfleisch entfernen. Die Tomaten innen leicht salzen, wenden und etwa 30 Minuten abtropfen lassen.
▦ In einer Schüssel Bohnen, Zwiebel, Petersilie, Thunfisch und Öl vermengen, mit Salz und Pfeffer abschmecken und die Tomaten damit füllen. Die gefüllten Tomaten auf einer Platte anrichten und auftragen.

Für 6 Personen

51

Sformatini di Piselli in Salsa di Zucchine

Erbsen-Flan mit Zucchini-Sauce

Früher wurde in den Familien nach einem Suppengang häufig ein in der Form gegartes Gemüsegericht gereicht. Heute werden *sformatini* gern als *piatto di mezzo* zu einem festlichen Abendessen serviert.

3 EL Butter
3 EL (30 g) Mehl
$1/4$ l Milch
2 große Eier, verquirlt
600 g enthülste grüne Erbsen, 2 Minuten blanchiert
60 g Semmelbrösel
600 g Zucchini, 3 Minuten blanchiert
6 EL bestes kaltgepreßtes Olivenöl

Den Backofen auf 180° C vorheizen. In einem Topf bei mittlerer Temperatur 2 EL Butter zerlassen. Das Mehl hineinrühren und einige Minuten anschwitzen lassen. Unter ständigem Rühren nach und nach die Milch zugießen und in etwa 5 Minuten zu einer ziemlich dicken Sauce köcheln. Den Topf vom Herd nehmen und die Béchamelsauce abkühlen lassen.

▨ Eier und Erbsen unterrühren. 6 Förmchen von $1/4$ l Inhalt mit dem restlichen EL Butter einfetten und mit Semmelbröseln überziehen. Die Masse gleichmäßig auf die Förmchen verteilen. Die Förmchen ins heiße Wasserbad stellen – sie sollten bis zur Hälfte im Wasser stehen – und im vorgeheizten Ofen etwa 30 Minuten garen. Zur Probe mit einer kleinen Metallnadel in die Mitte des Flans stechen. Er ist gar, wenn nichts an der Nadel kleben bleibt.

▨ In der Zwischenzeit die Sauce vorbereiten. Die Zucchini schälen, das Fruchtfleisch für eine andere Zubereitung beiseite stellen. In der Küchenmaschine oder im Mixer die Zucchinischalen mit dem Olivenöl zu einem Püree verarbeiten. Das Zucchinipüree in einen Topf geben, 3 EL Wasser zufügen und zugedeckt bei niedriger Temperatur etwa 2 Minuten köcheln lassen.

▨ Den Erbsen-Flan mit einem spitzen Messer aus den Förmchen lösen und auf vorgewärmte Teller stürzen. Mit der Zucchini-Sauce begießen und heiß servieren.

Für 6 Personen

Von oben nach unten: Schinken-Mousse mit Melonen-Sauce, Erbsen-Flan mit Zucchini-Sauce

Sformato di Prosciutto

Schinken-Mousse mit Melonen-Sauce

Um zu prüfen, ob eine Melone den richtigen Reifegrad hat, drückt man sie an der dem Stielansatz gegenüberliegenden Seite leicht mit dem Daumen ein. Die Schale sollte nachgeben, jedoch elastisch sein. Eine zu weiche Frucht ist überreif, eine zu feste schmeckt meist noch bitter. Der Reifegrad einer Melone läßt sich auch durch den Geruch feststellen: Eine reife Frucht riecht angenehm aromatisch.

300 g Schinken, in dünne Scheiben geschnitten
500 g Ricotta
6 EL Vin Santo, Portwein oder Madeira
15 g gemahlene weiße Gelatine
1 große Cantaloupe-Melone

In der Küchenmaschine oder in einem Mixer den Schinken fein zerkleinern. Die Ricotta zugeben und zu einer glatten Masse verarbeiten.

◈ In einem kleinen Topf den Wein erhitzen, vom Herd nehmen und das Gelatinepulver einrühren. Die aufgelöste Gelatine zur Schinken-Ricotta-Mischung in die Küchenmaschine geben und ein paar Umdrehungen lang vermischen.

◈ Eine 1 l fassende Form mit kaltem Wasser ausspülen, die Schinken-Mousse hineinfüllen und zugedeckt im Kühlschrank in etwa 5 Stunden – höchstens jedoch bis zu 12 Stunden – fest werden lassen.

◈ Die Melone schälen, Kerne und Fasern entfernen und das Fruchtfleisch in Stücke schneiden. Die Stücke in eine Küchenmaschine oder in den Mixer geben und pürieren.

◈ Die Schinken-Mousse aus dem Kühlschrank nehmen, die Form etwa 5 Sekunden in heißes Wasser tauchen und auf eine Platte stürzen. Falls die Mousse sich nicht sofort aus der Form löst, den Vorgang wiederholen. Die Schinken-Mousse mit der Melonen-Sauce umgießen und servieren.

Für 6 Personen

Schiacciata di Formaggio

Fladenbrot mit Käse

1 Würfel (etwa 40 g) frische Hefe, ersatzweise (etwa 15 g) Trockenhefe
0,2 l lauwarmes Wasser
350 g Mehl, außerdem etwas Mehl zum Bearbeiten des Teigs
4 EL bestes kaltgepreßtes Olivenöl
1 große Prise grobes Meersalz
60 g Fontina oder Gruyère, in Scheiben geschnitten
60 g ausgereifter Weichkäse wie Taleggio oder Gorgonzola

Die Hefe in einer kleinen Schüssel im lauwarmen Wasser auflösen und etwa 10 Minuten gehen lassen.

◼ Das Mehl in einer großen Schüssel aufhäufen, in die Mitte eine Mulde drücken und nach und nach den Hefebrei mit einer Gabel unterrühren, bis sich die Zutaten gut miteinander vermischt haben.

◼ Den Teig auf eine leicht bemehlte Arbeitsfläche geben und etwa 10 Minuten kneten, bis er glatt und elastisch ist. Zu einer Kugel formen, in eine eingeölte Schüssel geben und den Teig zugedeckt an einem warmen Platz etwa 2 Stunden gehen lassen, bis er das doppelte Volumen hat.

◼ Eine Torten- oder Springform von etwa 25 cm Durchmesser einölen. Den Teigball auf einer leicht bemehlten Arbeitsfläche flach drücken und mit dem Nudelholz zu einem Fladen in Größe der Form ausrollen. Die Form mit dem Teigfladen belegen und zugedeckt noch einmal etwa 20 Minuten gehen lassen, bis er die doppelte Stärke hat.

◼ Den Backofen auf 200° C vorheizen. Die *schiacciata* mit dem restlichen Öl bestreichen, mit Salz bestreuen und im vorgeheizten Ofen in etwa 30 Minuten goldgelb backen.

◼ Das Brot etwas abkühlen lassen und den Fladen waagerecht durchschneiden. Den Boden mit den beiden Käsesorten belegen, mit der oberen Brothälfte bedecken, die *schiacciata* in Spalten schneiden und servieren.

Für 6 Personen

Carpaccio al Balsamico

Carpaccio mit Balsamico-Essig

Balsamico-Essig kannte man bereits im Altertum. Heute ist er eine Spezialität von Modena, wird jedoch auch in der umliegenden Provinz Reggio-Emilia produziert. Besonders gut schmeckt er zu frischen Tomaten, weil seine Süße die Säure der Tomaten ausgleicht. Der Begriff *carpaccio* bezeichnet eine Zubereitung aus rohem Fleisch, das, entweder in hauchdünne Scheiben geschnitten oder auch gehackt, mit einer würzigen Sauce oder Vinaigrette, zuweilen auch mit Parmesanspänen oder gehobelten Pilzen, vorzugsweise Trüffeln, serviert wird.

300 g mageres Rindfleisch, zweimal durch den Fleischwolf gedreht
2 EL gemischte feingehackte frische Kräuter wie glattblättrige Petersilie, Basilikum, Thymian und Schnittlauch
Salz und frisch gemahlener Pfeffer
2 EL Balsamico-Essig
2 EL bestes kaltgepreßtes Olivenöl

Das Fleisch mit den Kräutern vermischen, mit Salz und Pfeffer würzen und alles noch einmal gründlich miteinander vermengen. Die Fleischmasse in zwei Portionen teilen, jeweils zu einem Fleischball formen und auf separate Teller geben. Die Fleischbälle leicht flach drücken und in der Mitte jeweils eine Mulde formen. (Man kann das Fleisch mit Klarsichtfolie abgedeckt bis zu 2 Stunden im Kühlschrank aufbewahren und kurz vor dem Servieren herausnehmen.)
▨ Essig, Olivenöl, Salz und Pfeffer in einer kleinen Schüssel miteinander verrühren.
▨ Das Essig-Öl-Gemisch auf die beiden Mulden verteilen und das Carpaccio sofort auftragen.

Für 2 Personen

Nur die wohlhabenden Adelsfamilien konnten es sich früher leisten, Balsamico-Essig zu verwenden, denn sie hatten Land, wo die für die Essigerzeugung benötigten Trauben wachsen konnten, und vor allem auch Bedienstete, die ihre Zeit nichts anderem als der langwierigen *balsamico*-Herstellung widmeten. Um die begehrte Bezeichnung *tradizionale* tragen zu dürfen, muß der *balsamico* mindestens 12 Jahre gelagert sein. Es gibt aber auch Balsamico-Essige, die bereits mehr als hundert Jahre alt sind. *Balsamico* wird nicht aus Wein, sondern aus dem Saft ausgesuchter Trauben hergestellt. Der Saft wird durch Kochen konzentriert und der so entstehende dunkle, süßsaure Sirup, *saba* genannt, in Holzfässer abgefüllt, wo er seiner Vollendung entgegenreift.

Von oben nach unten: Fladenbrot mit Käse, Carpaccio mit Balsamico-Essig

Torta di Spinaci

Spinattorte

250 g Mehl, außerdem etwas Mehl zum Bearbeiten des Teigs
Salz
125 g Butter, in kleine Stücke geschnitten, außerdem 1 EL Butter zum Einfetten der Form
1 Eigelb und 3 ganze Eier, verquirlt
3 EL Milch
300 g Spinat, 1 Minute blanchiert, gut abgetropft, kräftig ausgedrückt und gehackt
3 EL Sultaninen, mit kaltem Wasser bedeckt und etwa 30 Minuten eingeweicht, gut abgetropft
0,2 l Crème double
60 g geriebener Parmesan
Salz und frisch gemahlener Pfeffer
30 g Pinienkerne

Wenn man den Teig mit der Hand bearbeitet, siebt man das Mehl in eine Schüssel und gibt Salz und 125 g Butter hinzu. Dann mit den Fingern die Butter mit dem Mehl zu einem krümeligen Teig verkneten. Das Eigelb und die Milch zugeben und gründlich in den Teig einarbeiten. Den Teig zu einer Kugel formen, in Klarsichtfolie wickeln und 1 Stunde im Kühlschrank ruhen lassen.

▦ Bereitet man den Teig in der Küchenmaschine zu, gibt man Mehl und Salz in die Rührschüssel und vermengt sie mit einigen Umdrehungen der Maschine. 125 g Butter zufügen und zu einem krümeligen Teig verarbeiten. Eigelb und Milch in den Teig einarbeiten, bis er sich zu einer Kugel formt. Den Teig in Klarsichtfolie einschlagen und im Kühlschrank 1 Stunde ruhen lassen.

▦ Den Backofen auf 180° C vorheizen.

▦ Eine Tortenform (am besten eine Springform mit herausnehmbarem Boden) oder eine Pie-Form von 23 cm Durchmesser mit 1 EL Butter einfetten, anschließend mit etwas Mehl bestäuben. Den Teig aus dem Kühlschrank nehmen und auf einer leicht bemehlten Arbeitsfläche zu einem runden Fladen, etwa $2\frac{1}{2}$ cm dick und etwas größer als die Form, ausrollen. Die vorbereitete Form mit dem Teigfladen auskleiden und den überstehenden Teig sauber abschneiden.

▦ In einer Schüssel Spinat, Sultaninen, 3 verquirlte Eier, Crème double und Parmesan miteinander verrühren und mit Salz und Pfeffer abschmecken. Die Mischung gleichmäßig auf dem Teig verteilen und mit Pinienkernen bestreuen.

▦ Im vorgeheizten Ofen etwa 40 Minuten goldgelb backen. Kurz abkühlen lassen und aus der Form nehmen. Auf einer Platte anrichten und lauwarm oder kalt servieren.

Für 6 Personen

I SECONDI

Hauptgerichte

Der *secondo piatto,* der Hauptgang einer italienischen Mahlzeit, ist gewöhnlich ein Fisch-, Schaltier-, Fleisch- oder Geflügelgericht. Die Variationsbreite reicht vom einfachen gegrillten Kotelett bis hin zum Edelfisch in einer raffinierten Sauce. In jedem Fall serviert man den Gang ohne Beilagen oder nur von einer Gemüsegarnitur begleitet.

Die Halbinsel Italien ist größtenteils vom Meer umgeben, entsprechend häufig findet man Fisch und Schaltiere als Hauptgang eines Menüs. Einige Restaurants besitzen sogar eigene Fischerboote und bieten den frischen Fang als speziellen *secondo piatto* des Tages an. *Trance di branzino ai carciofi,* Wolfsbarsch mit Artischocken, und *filetti di sogliola alle olive,* Seezungenfilets mit Oliven, sind nur zwei der unzähligen typischen Fischgerichte.

Geflügelgerichte aller Arten sind ebenfalls klassische *secondi piatti* auf italienischen Tafeln, angefangen vom prosaischen Huhn bis hin zu Perlhuhn und Fasan. In den alten Steinhäusern der Toskana und Umbriens sieht man häufig noch die kleinen Löcher, die man für kleine Wild- und Singvögel als Nistplatz aussparte. Bei Bedarf griffen sich die Bauern, die *contadini,* einfach ein paar Vögel, rupften sie, steckten sie auf Spieße und brieten sie über offenem Feuer. Im Mittelalter besaß jedes Schloß und jedes Haus in Venetien einen Taubenschlag, der den Besitzern einen unerschöpflichen Vorrat an Jungvögeln lieferte. Da sich diese kleinen Vögel unentwegt vermehrten, waren nur wenige Elterntiere nötig, um den Hunger einer Familie zu stillen. Damals wie heute schlachtete man die Küken in einem Alter, in dem sie noch nicht flügge und ihre Muskeln noch zart und wohlschmeckend waren.

Auch Kaninchen ist in Italien wegen seines Wohlgeschmacks beliebt. Es schmeckt ebenfalls jung geschlachtet – etwa knapp ein halbes Jahr alt – am besten. Wie Tauben lassen sich Kaninchen leicht züchten und halten. Früher wurden für das Restaurant in Badia a Coltibuono Kaninchen in großer Zahl aufgezogen. Als der Vater des Jungen, der die Kaninchen zu versorgen hatte, eines Tages feststellte, daß sein Sohn die Käfige nicht sauberhielt, geriet er so in Rage, daß er sie öffnete und die Tiere freiließ. Heute springt die Nachkommenschaft der einstigen Restaurantvorräte unbehelligt durch die umliegenden Felder und Wälder.

Was auch immer Sie als *secondo piatto* auf den Tisch bringen, denken Sie daran, daß die Speisen beim Servieren die richtige Temperatur haben sollten. Ich habe dies in dem folgenden Rezeptteil besonders berücksichtigt. Wird ein Gericht zu heiß oder zu kalt serviert, gehen seine Feinheiten verloren, was dem Gesamteindruck des ganzen Menüs schadet.

Stinco di Vitello al Sedano

Kalbshaxe mit Sellerie

Kalbshaxe, ein in Europa überall beliebtes Stück Fleisch, verwendet man, in Scheiben geschnitten, auch für die Zubereitung von *ossibuchi*. Damit die Kalbshaxe richtig zart wird, muß man sie lange schmoren lassen. Statt des Selleries kann man auch Fenchel oder Artischocken verwenden.

3 EL Mehl
Salz und frisch gemahlener Pfeffer
2 Kalbshaxen, von jeweils etwa $1\frac{1}{4}$ kg
3 EL bestes kaltgepreßtes Olivenöl
12 Stangen Bleichsellerie, geschält und in Stücke geschnitten
$\frac{1}{4}$ l Milch
$\frac{1}{4}$ l trockener Weißwein, gegebenenfalls etwas mehr

Den Backofen auf 160° C vorheizen.
◻ In einer Schüssel das Mehl mit dem Salz vermengen und die Kalbshaxen darin wenden. Bei mittlerer Temperatur das Öl in einer Kasserolle erhitzen. Die Kalbshaxen hineingeben und in etwa 10 Minuten von allen Seiten braun anbraten. Den Sellerie zugeben und die Kasserolle in den vorgeheizten Ofen schieben. Die Kalbshaxen etwa 4 Stunden schmoren, bis das Fleisch ganz zart ist.
◻ Nach etwa zwei Stunden die Milch zugießen. Wenn die Milch verkocht ist, nach und nach etwas Weißwein zu den Haxen geben.
◻ Die Kalbshaxen auf einer vorgewärmten Platte anrichten und warm stellen.
◻ Mit einem Mixstab oder im Mixer den Sellerie in der Garflüssigkeit pürieren. Nochmals in der Kasserolle bei mittlerer Temperatur heiß werden lassen, eventuell noch etwas Wein zugießen. Die Sauce in eine Sauciere füllen und zusammen mit den Kalbshaxen auftragen.

Für 6 Personen

Von oben nach unten: Tauben mit Wacholderbeeren, Kalbshaxe mit Sellerie, Gebratenes Huhn mit Kräutern

Pollo Arrosto alle Erbe

Gebratenes Huhn mit Kräutern

Brathuhn ist nicht nur eine italienische Spezialität, es erfreut sich überall auf der Welt großer Beliebtheit. Perfekt zubereitet – mit knuspriger goldbrauner Haut und zartem, saftigem Fleisch – habe ich es nur von Romola, unserer Köchin in Coltibuono, die uns 26 Jahre lang verwöhnte, und von Maro Spender Gorky, einem englischen Freund, der seit 30 Jahren im Chianti lebt, vorgesetzt bekommen. Das Huhn wird übrigens schön knusprig, wenn man es in reichlich Öl (das man später abschöpft) in einem Bratentopf aus Aluminium brät.

1 EL frischer Thymian
1 EL frischer Origano, fein gehackt
1 EL frischer Rosmarin, fein gehackt
1 EL frischer Salbei, fein gehackt
1 EL geriebene Zitronenschale
Salz und frisch gemahlener Pfeffer
1 Brathuhn, etwa 2 kg schwer
6 EL bestes kaltgepreßtes Olivenöl
$\frac{1}{8}$ l trockener Weißwein

Den Backofen auf 160° C vorheizen. In einer kleinen Schüssel Kräuter, Zitronenschale, Salz und Pfeffer vermischen. Das Huhn mit der Mischung würzen: Mit den Fingern zwischen Haut und Fleisch des Tieres fahren und die Hühnerbrust großzügig mit den Kräutern einreiben. Das Huhn mit Küchengarn dressieren.

◻ Das Öl in den Bratentopf gießen, das Huhn hineinlegen und im vorgeheizten Backofen etwa 2 Stunden braten, dabei das Tier gelegentlich wenden und mit dem Bratensaft begießen. Die Temperatur auf 190° C erhöhen und das Huhn zirka weitere 30 Minuten braten, bis es goldbraun und knusprig ist.

◻ Aus dem Topf nehmen, das Küchengarn entfernen und das Huhn auf einer vorgewärmten Platte warm stellen.

◻ Das Öl aus dem Topf abschöpfen, den Bratensaft bei mittlerer Temperatur erhitzen, den Wein zugießen und die Sauce einkochen lassen. In eine Sauciere gießen und heiß mit dem gebratenen Huhn auftragen.

Für 6 Personen

Piccioni al Ginepro

Tauben mit Wacholderbeeren

Tauben kann man füllen und braten, schmoren oder am Spieß grillen. Man serviert sie gern mit einer *polenta* oder einem *risotto*. Die Tauben sollten etwa $1^1/_2$ Stunden im Ofen gebraten werden, dadurch bekommen sie eine knusprige goldbraune Haut und das Fleisch bleibt wunderbar zart und läßt sich leicht von den Knochen lösen.

3 Scheiben kräftiges dunkles Brot
$^1/_4$ l Milch
1 Ei
60 g frisch geriebener Parmesan
60 g Schinken, fein gehackt
2 EL Wacholderbeeren, zerdrückt
Salz und frisch gemahlener Pfeffer
3 Tauben von jeweils etwa 600 g
2 EL Butter
2 EL bestes kaltgepreßtes Olivenöl
0,2 l Rotwein

Den Backofen auf 160° C vorheizen. Das Brot in eine Schüssel geben, die Milch zugießen und das Brot etwa 10 Minuten darin einweichen. Das Brot abtropfen lassen und kräftig ausdrücken. In einer Rührschüssel eingeweichtes Brot, Ei, Parmesan, Schinken und Wacholderbeeren miteinander vermischen und mit Salz und Pfeffer würzen. Die Tauben mit dieser Mischung füllen, mit Küchengarn dressieren und zusammen mit Butter und Olivenöl in eine Kasserolle geben. Im vorgeheizten Ofen etwa 1 Stunde braten.

Nach und nach die Hälfte des Weins in regelmäßigen Abständen zugießen und die Tauben weitere 30 Minuten braten, bis das Fleisch zart ist.

Die Tauben aus dem Ofen nehmen, das Küchengarn entfernen, die Vögel längs halbieren und auf einer vorgewärmten Platte warm stellen.

Den Bratensaft bei mittlerer Temperatur erhitzen, den restlichen Wein zugießen und einkochen lassen. Die Sauce durch ein Sieb über die Tauben gießen und sofort auftragen.

Für 6 Personen

Scampi all'Arancia

Scampi in Orangensauce

3 kg Scampi in der Schale oder $1^{1}/_{4}$ kg geschälte Scampi
ca. 150 g Orangenmarmelade (oder mehr, nach Belieben)
6 EL süßer Dessertwein
4 EL (60 g) Butter
Salz und frisch gemahlener Pfeffer

Die Scampi aus den Schalen lösen und Kopf und Darm entfernen. Die Schaltiere beiseite stellen. In einem Topf die Marmelade mit dem Wein verrühren und bei niedriger Temperatur etwa 5 Minuten köcheln lassen. Die Butter in einer großen Pfanne bei mittlerer Temperatur zerlassen, die Scampi hineingeben und 2 Minuten sautieren. Mit Salz und Pfeffer würzen. Die Orangensauce über die Scampi gießen und 1 Minute ziehen lassen. Die Scampi mit der Orangensauce auf einer vorgewärmten Platte anrichten und heiß servieren.

Pesce alle Erbe

Fisch mit aromatischen Kräutern

2 EL bestes kaltgepreßtes Olivenöl
2–3 Zitronen, in Scheiben geschnitten
1 Seebrasse, Dorade oder ein ähnlicher weißfleischiger Fisch, etwa 2 kg schwer
Salz und frisch gemahlener Pfeffer
jeweils 1 EL frische Thymian- und Origanoblättchen,
    Schnittlauch und Fenchelgrün, alles fein gehackt
1 EL geriebene Zitronenschale
6 EL trockener Weißwein

Den Backofen auf 180° C vorheizen. Öl und Zitronenscheiben auf dem Boden einer flachen Kasserolle gleichmäßig verteilen. Den gesäuberten Fisch von innen und außen mit Salz und Pfeffer einreiben, mit den Kräutern und der geriebenen Zitronenschale bestreuen und etwas davon auch in den Bauch des Fisches geben. Den Fisch in die Kasserolle legen und den Wein zugießen. Den Fisch etwa 30 Minuten im Ofen garen, dabei einmal vorsichtig wenden und gelegentlich mit der Garflüssigkeit begießen. Auf einer vorgewärmten Platte anrichten, die Zitronenscheiben entfernen und den Fisch sofort auftragen.

Beide Rezepte für 6 Personen

Costolette di Tonno al Vino Rosso

Thunfischsteaks in Rotweinsauce

Thunfisch wird hauptsächlich im Frühling gefangen, wenn er die tiefen Gewässer verläßt und näher an die Küsten kommt. Die landläufige Meinung, nur Weißwein passe zu Meerestieren, ist falsch. Rotweine mit wenig Gerbsäure eignen sich hervorragend für die Zubereitung von Thunfisch, Schwertfisch, Kabeljau, Hummer und Krabben und lassen sich auch gut dazu servieren.

6 Thunfischsteaks, jeweils etwa 200 g
100 g Mehl
3 EL bestes kaltgepreßtes Olivenöl
6 EL grüner Pfeffer, mit der Messerklinge zerdrückt
3 Lorbeerblätter
$^1\!/_4$ l guter leichter Rotwein

Die Thunfischsteaks leicht in Mehl wenden, überschüssiges Mehl abschütteln.
◻ Das Öl in einer großen Pfanne bei mittlerer Temperatur erhitzen. Die Thunfischsteaks hineingeben und von beiden Seiten 3 Minuten braten. Grünen Pfeffer, Lorbeerblätter und Wein zufügen und mit Salz würzen. Die Hitze reduzieren und die Thunfischsteaks zugedeckt 5 Minuten in der Sauce ziehen lassen, dabei den Fisch einmal wenden.
◻ Die Thunfischsteaks auf einer vorgewärmten Platte anrichten. Die Lorbeerblätter entfernen und die Sauce über den Fisch gießen. Sofort auftragen.

Für 6 Personen

Von oben nach unten: Seezungenfilets mit schwarzen Oliven, Scampi in Orangensauce, Thunfischsteaks in Rotweinsauce

Filetti di Sogliola alle Olive
Seezungenfilets mit schwarzen Oliven

Für die Zubereitung dieses Gerichtes kann man sowohl schwarze als auch grüne Oliven nehmen. Grüne Oliven werden gegen Ende des Sommers geerntet, bevor sie richtig reif sind, schwarze Oliven hingegen erst nach Weihnachten. Die größten Früchte kommen aus Bari in Süditalien. Die Oliven aus Gaeta im Latium sind kleiner und besser zum Kochen geeignet. Grüne Oliven, die gewöhnlich größer und säurehaltiger sind, kann man auch sehr gut zum Aperitif reichen.

2 große feste aromatische Tomaten, geschält
Salz
3 EL bestes kaltgepreßtes Olivenöl
6 Seezungenfilets, jeweils etwa 200 g
4 EL trockener Weißwein
18 Gaeta-Oliven oder andere eingelegte milde schwarze Oliven
2 EL Balsamico-Essig
1 Handvoll frische Basilikumblätter, in dünne Streifen geschnitten

Die Tomaten halbieren, die Kerne entfernen und das Fruchtfleisch in Würfel schneiden. Die Tomatenwürfel mit Salz bestreuen und in einem Sieb etwa 30 Minuten abtropfen lassen.

▨ Das Öl in einer Pfanne bei mittlerer Temperatur erhitzen, die Seezungenfilets hineingeben und von beiden Seiten je 2 Minuten braten. Wein und Oliven zugeben und vorsichtig salzen. Die Hitze reduzieren und die Seezungenfilets weitere 3 Minuten garen, dabei den Fisch einmal vorsichtig wenden. Balsamico-Essig und Tomatenwürfel zu den Seezungenfilets geben und mit Basilikum bestreuen. Die Pfanne vom Herd nehmen und den Fisch zugedeckt 1 Minute in der Sauce ziehen lassen.

▨ Die Seezungenfilets auf einer vorgewärmten Platte anrichten, mit der Sauce begießen und sofort servieren.

Für 6 Personen

Polpettone alle Uova Sode
Hackbraten mit hartgekochten Eiern

1 altbackene Semmel oder 1 dicke Scheibe altbackenes Weißbrot, ohne Rinde
$\frac{1}{4}$ l Milch
600 g mageres Rinderhack
300 g Mortadella, durch den Fleischwolf gedreht oder sehr fein gehackt
2 rohe Eier und 4 hartgekochte Eier, geschält
$\frac{1}{4}$ TL frisch geriebene Muskatnuß
1 EL frisch gehackter Rosmarin
Salz und frisch gemahlener Pfeffer
1 EL Butter
2 EL bestes kaltgepreßtes Olivenöl
$\frac{1}{4}$ l trockener Weißwein

Den Backofen auf 180° C vorheizen. Die Semmel beziehungsweise das Brot in eine Schüssel geben und in der Milch etwa 10 Minuten einweichen. Abtropfen lassen und kräftig ausdrücken.
◈ In einer Schüssel eingeweichtes Brot, Rinderhack, Mortadella, die beiden rohen Eier, Muskatnuß, Rosmarin, Salz und Pfeffer gründlich miteinander zu einem glatten Teig vermengen.
◈ Mit den Händen den Fleischteig auf einer bemehlten Arbeitsfläche zu einem Rechteck von 23 cm Länge und 15 cm Breite ausbreiten. Der Teig sollte etwa 1 cm dick sein. Von jedem hartgekochten Ei jeweils die Enden dünn abschneiden und die Eier dicht nebeneinander längs in der Mitte des Fleischteigs aufreihen. Den Fleischteig zu einer großen Rolle über die Eier schlagen, die Enden fest zusammendrücken, um sie zu verschließen.
◈ Butter und Öl in einer Kasserolle erhitzen und den Hackbraten hineingeben. Die Kasserolle in den vorgeheizten Ofen schieben und den Hackbraten etwa 1½ Stunden braten, bis er goldbraun ist, dabei mit einem Spatel einmal wenden. Den Braten mit insgesamt ⅛ l Wein mehrmals während des Garens begießen.
◈ Den Hackbraten aus der Kasserolle nehmen und warm halten. Die Kasserolle auf den Herd stellen. Bei mittlerer Temperatur den restlichen Wein hineingießen und den Bratensatz damit löschen. Die Sauce etwas einkochen lassen. Den Hackbraten in Scheiben schneiden, auf einer vorgewärmten Platte anrichten, mit der Sauce begießen und sehr heiß auftragen. Man kann den Hackbraten auch am nächsten Tag kalt servieren.

Für 6 Personen

Trance di Branzino ai Carciofi

Wolfsbarsch mit Artischocken

Der Wolfsbarsch, in Italien auch unter dem Namen *spigola* bekannt, hat festes, aromatisches Fleisch. Man kann ihn auf die unterschiedlichsten Arten zubereiten. Statt Wolfsbarsch kann man für dieses Rezept auch Thunfisch, Schwertfisch oder Kabeljau nehmen. Und die Artischocken lassen sich durch Fenchel oder, für eine raffiniertere Variante, durch Pilze wie Steinpilze, Morcheln oder Shiitake-Pilze ersetzen. Anstelle von frischem Majoran kann man auch Origano, Basilikum oder Minze verwenden.

6 kleine oder 3 große Artischocken
Saft von 1 Zitrone
2 Zitronen, in dünne Scheiben geschnitten
6 EL bestes kaltgepreßtes Olivenöl
6 Scheiben vom Wolfsbarsch (Loup de mer), von jeweils etwa 250 g
Salz und frisch gemahlener Pfeffer
6 EL trockener Weißwein
2 EL frische Majoranblätter

Den Backofen auf 200° C vorheizen. Eine große Schüssel mit kaltem Wasser füllen, den Zitronensaft zugießen. Die Artischocken putzen: Den Stengel, die äußeren Blätter und das Heu entfernen und die Artischocken längs in dünne Scheiben schneiden. Ins Zitronenwasser geben, damit sie sich nicht verfärben.

◫ 2 EL Olivenöl in eine Kasserolle geben, den Boden mit der Hälfte der Zitronenscheiben auslegen und den Fisch darauf plazieren. Mit Salz und Pfeffer würzen und mit den restlichen Zitronenscheiben belegen. Den Fisch mit 2 EL Olivenöl und dem Wein beträufeln, in den vorgeheizten Ofen schieben und etwa 10 Minuten garen.

◫ In der Zwischenzeit die restlichen 2 EL Öl bei niedriger Temperatur in einer Pfanne erhitzen, die Artischocken hineingeben, mit Salz und Pfeffer würzen und zugedeckt in etwa 10 Minuten weich werden lassen, dabei gelegentlich umrühren.

◫ Die Kasserolle aus dem Ofen nehmen, die Zitronenscheiben entfernen und den Fisch auf einer vorgewärmten Platte anrichten. Die Artischockenscheiben darüber verteilen, mit Majoran bestreuen und sofort auftragen.

Für 6 Personen

Von oben nach unten: Hackbraten mit hartgekochten Eiern, Wolfsbarsch mit Artischocken

Filetti di Trota in Salsa di Finocchio

Forellenfilets in Fenchelsauce

Diese Sauce schmeckt nicht nur ausgezeichnet zu Forellenfilets; sie paßt auch hervorragend zu anderen Fischgerichten, außerdem zu Spaghetti, gekochtem Reis und sogar zu Gemüsen. Statt Lauch kann man auch Frühlingszwiebeln oder normale Zwiebeln verwenden; und der Fenchel läßt sich ohne weiteres durch Mohrrüben oder Broccoli ersetzen.

2 Stangen Lauch
2 Fenchelknollen, geputzt und quer in dünne Scheiben geschnitten
$1/8$ l bestes kaltgepreßtes Olivenöl
$1/8$ l trockener Weißwein
12 Forellenfilets
Salz und frisch gemahlener Pfeffer

Von den Lauchstangen den grünen Teil entfernen. Den Lauch von oben längs einschneiden, vorsichtig auseinanderbiegen und gründlich unter fließendem kaltem Wasser abspülen. In einem Topf Wasser aufkochen lassen, den Lauch hineingeben und 2 Minuten blanchieren. Gut abtropfen lassen und in dünne Scheiben schneiden.

▨ Lauch und Fenchel mit 2 EL Olivenöl und der Hälfte des Weins in einen Topf geben und zugedeckt bei niedriger Temperatur in etwa 10 Minuten gar werden lassen, dabei gelegentlich umrühren.

▨ Das Gemüse vom Herd nehmen und mit einem Mixstab pürieren. 2 EL Olivenöl zugeben und gründlich vermischen. Die Sauce bei niedriger Temperatur um die Hälfte einkochen lassen und mit Salz und Pfeffer abschmecken.

▨ In der Zwischenzeit die Forellenfilets in eine große Pfanne geben, das restliche Olivenöl hinzufügen, mit Salz und Pfeffer würzen und mit dem verbliebenen Wein aufgießen. Die Forellenfilets zugedeckt bei niedriger Temperatur etwa 5 Minuten garen, dabei den Fisch einmal vorsichtig wenden.

▨ Die Forellenfilets auf einer vorgewärmten Platte anrichten, mit der heißen Sauce begießen und sofort servieren.

Für 6 Personen

Petti di Pollo in Salsa di Fegatini
Hühnerbrust in Lebersauce

In Italien bereitet man aus Hühnerlebern Pasteten, *crostini* (eine Spezialität aus der Toskana) und Saucen oder man brät sie in Butter und Salbei. Hühnerlebern sind auch eine wichtige Zutat in Reis- und Nudelgerichten und in vielen *ravioli*-Füllungen. Die Hühnerlebern muß man gründlich säubern, alles Fett und die Gallenblase, die bitter schmeckt, müssen entfernt werden. Beim Kauf sollte man darauf achten, daß die Hühnerlebern frisch sind und eine rosa Farbe haben, dunkle Lebern sind alt und sollten nicht mehr verwendet werden.

2 gehäufte EL getrocknete Steinpilze oder einige frische Shiitake-Pilze, Champignons oder
    Egerlinge
6 EL bestes kaltgepreßtes Olivenöl
1 Knoblauchzehe, gehackt
3 Hühnerlebern, gesäubert
6 frische Salbeiblätter
1 Sardellenfilet in Öl, abgetropft
1 EL eingelegte Kapern, abgetropft
$1/4$ l halbtrockener Weißwein
3 Hühnerbrüste, gehäutet, gesäubert und längs halbiert
Salz und frisch gemahlener Pfeffer

Getrocknete Steinpilze mit kochendem Wasser bedecken und etwa 30 Minuten darin einweichen. Die Steinpilze abtropfen lassen und kräftig ausdrücken.

◫ Für die Sauce 3 EL Olivenöl in einem Topf bei mittlerer Temperatur erhitzen. Knoblauch, Hühnerlebern und Salbei hineingeben und auf Mittelhitze etwa 5 Minuten braten, dabei gelegentlich umrühren. Pilze, Sardellenfilet, Kapern und Wein zugeben und zugedeckt bei niedriger Temperatur 5 Minuten köcheln lassen. Den Topf vom Herd nehmen und die Sauce mit einem Mixstab pürieren.

◫ In einer Pfanne das restliche Öl bei mittlerer Temperatur erhitzen, die Hühnerbrüste hineingeben und etwa 10 Minuten unter gelegentlichem Wenden braten. Die Hitze reduzieren, die Lebersauce in die Pfanne gießen – sie sollte das Fleisch gut bedecken – und die Hühnerbrüste zugedeckt weitere 5 Minuten garziehen. Eventuell noch etwas Wasser zugeben, das Gericht sollte schön saftig sein. Mit Salz und Pfeffer abschmecken und heiß auftragen.

Für 6 Personen

Im Uhrzeigersinn von oben rechts: Hühnerbrust in Lebersauce, Ossibuchi mit Zitrone und Petersilie,
Kaninchen mit Kapern und Basilikum

76

Ossibuchi in Gremolata
Ossibuchi mit Zitrone und Petersilie

Ossibuchi sind Scheiben von der vorderen oder hinteren Kalbshaxe. Am besten sind die Portionen aus der Mitte der Hinterhaxe, denn sie enthalten viel Mark. Von den unzähligen Rezepten für *ossibuchi* – in vielen von ihnen werden auch Tomaten verwendet – ist diese einfache Zubereitung mit Zitronenschale und Petersilie am delikatesten. Die klassische Beilage zu *ossibuchi* ist ein *risotto* mit geriebenem Parmesan oder auf Mailänder Art mit Safran. Zu *ossibuchi* passen auch ausgezeichnet Erbsen oder ein Kartoffelbrei.

6 *ossibuchi* von jeweils etwa 300 g
5 EL (50 g) Mehl
4 EL (60 g) Butter
1 kleine Zwiebel, in dünne Scheiben geschnitten
Salz
$\frac{1}{2}$ l trockener Weißwein
geriebene Schale von 1 Zitrone
3 EL gehackte glattblättrige Petersilie

Die *ossibucchi* ringsherum etwas einschneiden, damit sie sich beim Schmoren nicht nach oben wölben, und mit Küchengarn in Form binden. Die *ossibuchi* leicht mit Mehl bestäuben, überschüssiges Mehl abschütteln.

▨ In einer Pfanne die Butter auf kleiner Flamme zerlassen, die Zwiebel hineingeben und in etwa 3 Minuten glasig werden lassen. Die *ossibuchi* in die Pfanne geben und bei mittlerer Temperatur von beiden Seiten jeweils etwa 5 Minuten anbraten, bis sie leicht gebräunt sind. Salzen, die Hälfte des Weins zugießen und die *ossibuchi* zugedeckt bei niedriger Temperatur etwa 2 Stunden schmoren, bis das Fleisch ganz weich ist. Während der Garzeit nach und nach den restlichen Wein zugießen, es sollte immer genug Flüssigkeit in der Pfanne sein. Notfalls zusätzlich noch etwas Wasser zugeben.

▨ Die *ossibuchi* mit der geriebenen Zitronenschale und der gehackten Petersilie bestreuen und noch einmal abschmecken. Auf einer vorgewärmten Platte anrichten und sofort servieren.

Für 6 Personen

Coniglio ai Capperi e Basilico
Kaninchen mit Kapern und Basilikum

Kaninchenbraten ist in Italien, wo man die Tiere jung – mit sechs Monaten oder noch früher – schlachtet, sehr beliebt. Häufig wird das Kaninchen in Weißwein mariniert oder *alla cacciatora* zubereitet, das heißt mit Tomaten und Pilzen geschmort. Für feinere Zubereitungsarten verwendet man nur die Rücken der Tiere. Nach dem folgenden Rezept kann man auch Huhn oder Kalbfleisch zubereiten.

1 EL bestes kaltgepreßtes Olivenöl
1 Kaninchen, etwa 2 kg schwer, in Portionsstücke zerteilt
2 EL Mehl
1 Mohrrübe, in Stücke geschnitten
1 Zwiebel, in Stücke geschnitten
1 Stange Bleichsellerie, in Stücke geschnitten
6 frische Eiertomaten, geschält, oder Dosentomaten mit ihrem Saft
1 Handvoll glattblättrige Petersilie, gehackt
1 EL Schnittlauchröllchen
$1/4$ l trockener Weißwein
Salz und frisch gemahlener Pfeffer
3 EL eingelegte Kapern, gut abgetropft
1 Handvoll frische Basilikumblätter, in Streifen geschnitten

Das Öl in einem schweren Topf bei mittlerer Temperatur erhitzen, die Kaninchenstücke hineingeben und von allen Seiten in etwa 10 Minuten goldbraun werden lassen. Das Fleisch mit Mehl bestäuben und die Gemüse, Petersilie und Schnittlauch zugeben. Mit dem Wein aufgießen, mit Salz und Pfeffer würzen und das Kaninchen zugedeckt bei niedriger Temperatur etwa $1^{1/2}$ Stunden schmoren lassen. Eventuell zusätzlich noch etwas Wasser zugeben, es sollte immer genügend Flüssigkeit im Topf sein.

▨ Das Kaninchen aus dem Topf nehmen, auf einer vorgewärmten Platte anrichten und warm stellen.

▨ Die Gemüse in dem Bratensaft mit einem Mixstab zu einer sämigen Sauce pürieren, noch einmal heiß werden lassen und die Kapern unterrühren. Die Sauce über das Kaninchen gießen, mit Basilikum bestreuen und heiß servieren.

Für 6 Personen

*Im Uhrzeigersinn von oben links: Schweinekoteletts mit Backpflaumen,
Lammfrikassee mit frischem Estragon, Rinderschmorbraten mit Gewürznelken*

Manzo ai Chiodi di Garofano

Rinderschmorbraten mit Gewürznelken

Brasato, stufato oder *stracotta* – das Gericht hat viele Namen und variiert nicht nur von Region zu Region, sondern auch innerhalb der Landesteile. Immer jedoch wird das Rindfleisch in Wein mariniert und mit Gemüsen und Gewürzen oder Kräutern geschmort.

18 Gewürznelken
$1^1/_4$ kg Rindfleisch zum Schmoren, im Ganzen
1 Flasche (0,75 l) guter Rotwein
2 Zwiebeln, in Stücke geschnitten
4 Stangen Bleichsellerie, in Stücke geschnitten
4 Mohrrüben, in Stücke geschnitten
2 EL bestes kaltgepreßtes Olivenöl
1 EL Butter
Salz

Das Rindfleisch mit den Gewürznelken spicken und in eine große Schüssel legen. Wein, Zwiebeln, Bleichsellerie und Mohrrüben zugeben und das Fleisch zugedeckt 24 Stunden im Kühlschrank marinieren.

▨ Das Fleisch aus der Marinade nehmen, abtropfen lassen und mit Küchenpapier trockentupfen. Die Marinade durch ein Sieb gießen und Gemüse und Wein getrennt beiseite stellen.

▨ Butter und Öl in einer großen Kasserolle bei mittlerer Temperatur erhitzen, das Fleisch zugeben und von allen Seiten in etwa 10 Minuten braun anbraten. Das Gemüse und ein Viertel des Weins zugeben, salzen und zugedeckt bei niedriger Temperatur etwa 4 Stunden schmoren, bis das Fleisch ganz zart ist. Während dieser Zeit den Rinderbraten viermal wenden und die restliche Marinade nach und nach zugießen. Der Braten darf nicht austrocknen.

▨ Den Rinderbraten aus der Kasserolle nehmen und warm stellen. Die Gemüse mit dem Bratensaft im Mixer oder mit einem Mixstab pürieren.

▨ Die Sauce noch einmal erhitzen und eventuell bei hoher Hitze einkochen lassen, falls sie nicht konzentriert genug sein sollte. Das Fleisch in Scheiben schneiden, auf einer vorgewärmten Platte anrichten, mit der Sauce begießen und sofort auftragen.

Für 6 Personen

Fricassea d'Agnello

Lammfrikassee mit frischem Estragon

4 EL (60 g) Butter
2 kg Lammfleisch, vorzugsweise aus der Keule, in mundgerechte Stücke geschnitten
Salz und frisch gemahlener Pfeffer
1 Stange Bleichsellerie, in Stücke geschnitten
1 Mohrrübe, in Stücke geschnitten
1 Zwiebel, in Stücke geschnitten
1 Handvoll glattblättrige Petersilie
1 Zweig frischer Rosmarin
$1/8$ l trockener Weißwein
6 EL leichte Fleischbrühe
3 Eigelbe
6 EL Milch
2 EL frisch ausgepreßter Zitronensaft
1 EL gehackter frischer Estragon, ersatzweise glattblättrige Petersilie

Die Butter in einem großen Topf bei mittlerer Temperatur zerlassen. Das Lammfleisch hineingeben und unter gelegentlichem Rühren von allen Seiten in etwa 10 Minuten goldbraun werden lassen. Mit Salz und Pfeffer würzen, die Gemüse, Petersilie, Rosmarin und Weißwein zugeben, die Hitze reduzieren und das Fleisch ohne Deckel etwa $1\frac{1}{2}$ Stunden schmoren lassen, dabei gelegentlich umrühren.

▨ Den Topf vom Herd nehmen, die Gemüse und Kräuter entfernen.

▨ Für die Sauce in einer Schüssel die Eigelbe mit Milch, Brühe und Zitronensaft verquirlen und unter das Lammfleisch rühren. Den Topf wieder auf den Herd stellen und die Sauce bei niedriger Temperatur unter Rühren leicht eindicken lassen. Den Topf vom Herd nehmen, den gehackten Estragon beziehungsweise die Petersilie unterrühren. Das Lammfrikassee auf einer vorgewärmten Platte anrichten und heiß servieren.

Für 6 Personen

Costolette di Maiale alle Prugne
Schweinekoteletts mit Backpflaumen

Der österreichische Einfluß ist bei diesem Rezept aus dem Friaul unverkennbar. Die Koteletts sind schnell zubereitet und sollten in letzter Minute gebraten werden. Besonders hübsch sieht es aus, wenn man jedes Schweinekotelett mit einem gegarten dünnen Apfelring belegt und die Pflaume in die Mitte setzt.

2 Backpflaumen, entsteint und eingeweicht
2 dünne Scheiben durchwachsener Speck
1 EL bestes kaltgepreßtes Olivenöl
$\frac{1}{2}$ EL Butter
2 Schweinekoteletts von jeweils etwa 250 g
4 EL trockener Weißwein
1 TL grobkörniger Senf
Salz und frisch gemahlener Pfeffer

Den Backofen auf 180° C vorheizen.

▦ Jede Pflaume in eine Scheibe Speck wickeln und auf ein Stück Aluminiumfolie setzen. In den vorgeheizten Ofen schieben und den Speck in etwa 10 Minuten goldbraun und knusprig werden lassen.

▦ In der Zwischenzeit Butter und Olivenöl in einer Pfanne bei hoher Temperatur heiß werden lassen. Die Schweinekoteletts hineingeben und auf jeder Seite 3 Minuten braten. Wein, Senf, Salz und Pfeffer zufügen und mit dem Bratensaft verrühren.

▦ Die Schweinekoteletts auf einer vorgewärmten Platte anrichten, die Sauce darübergießen, mit den Pflaumen garnieren und sofort auftragen.

Für 2 Personen

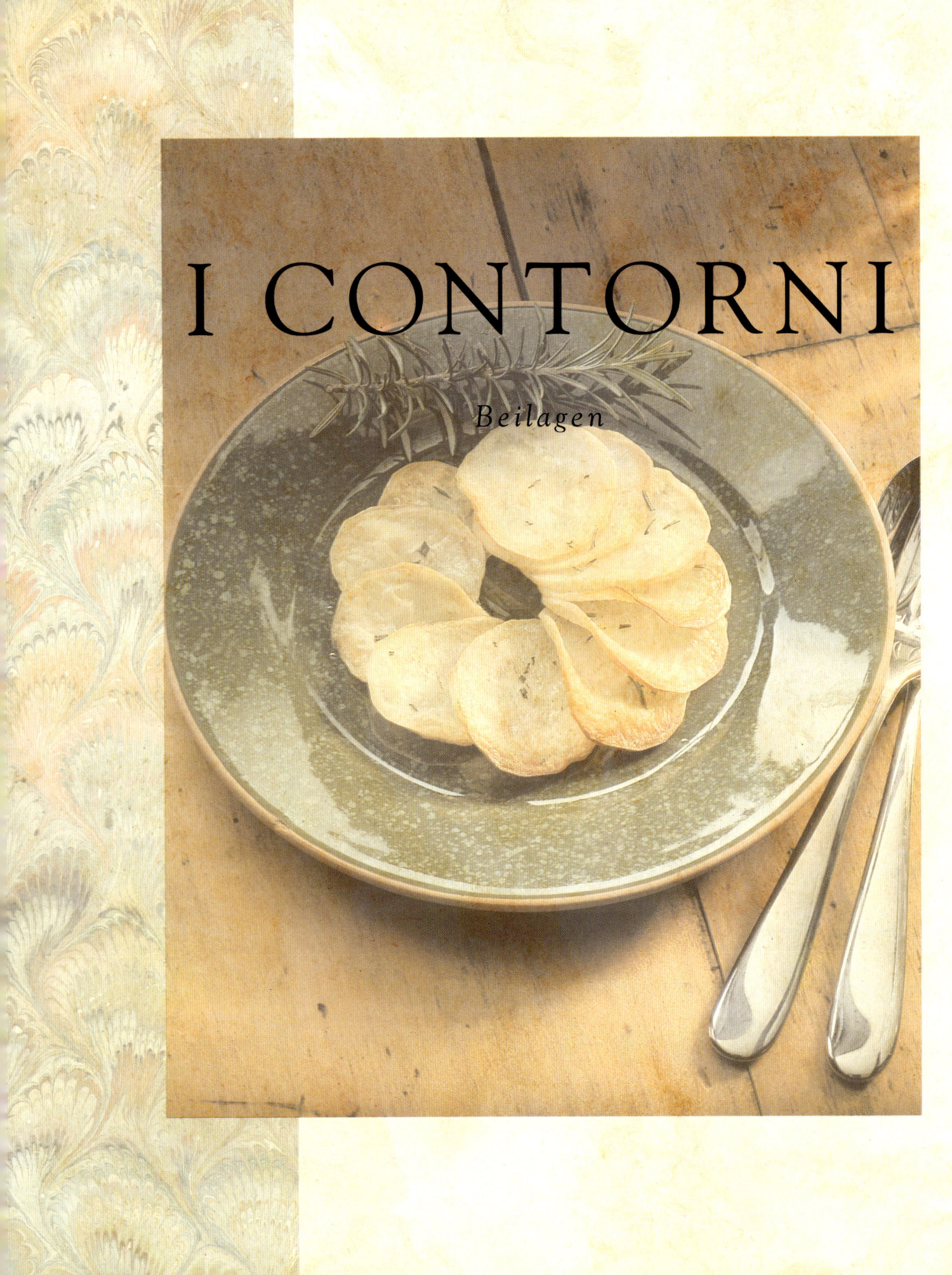

I CONTORNI

Beilagen

Das italienische Verbum *contornare* bedeutet umgeben, umsäumen; folgerichtig bezeichnet man daher in Italien den Gemüsegang, der das Fleisch- oder Fischgericht des *secondo piatto* umgibt, aber auch separat serviert wird, als *contorno*. Italien verdankt seinen fruchtbaren Böden und seinem sonnigen, milden Klima eine Überfülle an erstklassigem Gemüse und somit an *contorni*. Die Felder und Gärten Italiens bringen eine so reiche Ernte an Gemüsen, daß die kulinarische Vielfalt an Gerichten nur durch die Phantasie des Kochs begrenzt ist.

Unter den vielen Gemüsen, die die italienische Tafel zieren, nimmt die Tomate eine Sonderstellung ein. Sie wird gern zu Sauce – auch für *contorni* – verarbeitet, wie zum Beispiel bei den *peperoni alla marinara*, wo die Paprikaschoten mit einer eingekochten Tomatensauce gefüllt werden. In meiner Kindheit begrüßte mich häufig bei der Heimkehr von der Schule der Duft der köchelnden Tomatensauce, der aus unserer Küche kam und die Aromen von Knoblauch, Zwiebel und Basilikum mit sich trug.

Die Angehörigen der Brassica-, also der Kohlfamilie, wie Blumenkohl, Broccoli, Weiß- und Rotkohl, schlüpfen häufig in die Rolle des *contorno*. Auch Spinat und Mangold werden gern als Beilage verwendet, gewöhnlich nur kurz sautiert und mit einer schlichten Garnierung, wie zum Beispiel *spinaci agli amaretti*, wo man zerriebene Mandelmakronen über den Spinat gibt, oder *bietole al pangrattato*, Mangold, der mit goldgelb gerösteten Brotkrumen bestreut wird.

Besonderer Beliebtheit bei den Italienern erfreuen sich Artischocken. In manchen ländlichen Gegenden bilden ihre intensiv purpur-grünen Silhouetten, besonders im Winter, wenn sie das einzige Gemüse auf den Feldern sind, eine charakteristische Kulisse. Man kann sie schon sehr jung ernten; dann werden sie häufig roh, in mundgerechte Stücke geschnitten, in Olivenöl getaucht und mit Salz bestreut gegessen. Reifere Artischocken eignen sich gut zum Füllen, wie im Rezept *carciofi ripieni di erbe*, gefüllte Artischocken mit Kräutern, beschrieben.

Gemüse wie Stangensellerie, Chicorée und Fenchel werden in Italien gewöhnlich gebleicht, indem man sie in Erdhaufen wachsen läßt, die verhindern, daß das Licht sie grün färbt. Dieses Verfahren macht die Gemüse schmackhafter und fördert noch deren Genuß in Kombination mit geschmacklich ganz unterschiedlichen Zutaten.

Ohne Zweifel haben in Italien Gemüserezepte eine ehrwürdige Tradition, doch letztlich sind immer der Geschmack und die Frische der Gemüse entscheidend. Deswegen achtet jeder gute italienische Koch darauf, daß er die natürlichen Aromen seiner gartenfrischen Zutaten in den Vordergrund stellt.

Patate Arrosto
Röstkartoffeln

$1^{1}/_{4}$ kg Kartoffeln
$^{1}/_{8}$ l kaltgepreßtes Olivenöl
1 frischer Rosmarinzweig
1 Knoblauchzehe
Salz

Die Kartoffeln schälen, in $2^{1}/_{2}$ cm große Würfel schneiden und mit einem Küchentuch trockentupfen. Das Öl in einer gußeisernen Pfanne auf 170° C erhitzen, bis es fast raucht. Kartoffeln, Rosmarin und Knoblauch in die Pfanne geben und bei mittlerer Temperatur unter gelegentlichem Rühren etwa 20 Minuten braten, bis die Kartoffeln die Farbe gerösteter Nüsse annehmen. Knoblauch und Rosmarin entfernen und die Kartoffeln auf Küchenpapier abtropfen lassen. Sofort auf einer vorgewärmten Platte anrichten und servieren.

Nastri di Carote e Zucchine
Sautierte Mohrrüben- und Zucchinistreifen

6 Mohrrüben
9 Zucchini
3 EL bestes kaltgepreßtes Olivenöl
Salz und frisch gemahlener Pfeffer
1 EL gehackte glattblättrige Petersilie

Die Mohrrüben mit einem Gemüse- oder Kartoffelschäler längs in dünne lange Streifen schneiden. Die grüne Schale der Zucchini auf dieselbe Weise abschälen, das Fruchtfleisch für eine andere Zubereitung beiseite stellen. Die Gemüsestreifen in Eiswasser legen, damit sie knackig bleiben. Die Gemüse aus dem Eiswasser nehmen, gut abtropfen lassen und mit einem Küchentuch trockentupfen. In einer großen Pfanne das Öl bei mittlerer Temperatur erhitzen. Die Gemüse hineingeben, mit Salz und Pfeffer würzen und etwa 3 Minuten sautieren, bis sie gar sind. Auf einer vorgewärmten Platte anrichten, mit Petersilie bestreuen und sofort auftragen.

Beide Rezepte für 6 Personen

Im Uhrzeigersinn von oben links: Fenchel in Sardellensauce, Röstkartoffeln, Sautierte Mohrrüben- und Zucchinistreifen, Gefüllte Artischocken mit frischen Kräutern

Carciofi Ripieni di Erbe
Gefüllte Artischocken mit frischen Kräutern

Artischocken gedeihen besonders gut in gemäßigtem Klima. Außerdem sehen sie im Garten mit ihren purpurroten Blüten und ihren großen Blättern sehr dekorativ aus. Dieses Rezept läßt sich übrigens auch mit Zucchini, Zwiebeln oder Tomaten zubereiten.

2 Scheiben kräftiges dunkles Brot, ohne Rinde
$1/4$ l Milch
6 große runde Artischocken
Saft von 1 Zitrone
1 EL Schnittlauchröllchen
1 EL gehackter frischer Majoran oder in Streifen
    geschnittenes Basilikum
1 EL gehackte glattblättrige Petersilie
3 EL frisch geriebener Parmesan
1 Sardellenfilet in Öl, abgetropft
1 Ei
6 EL bestes kaltgepreßtes Olivenöl
Salz und frisch gemahlener Pfeffer
3 EL Wasser

Das Brot in eine Schüssel geben und in der Milch etwa 10 Minuten einweichen.

◈ In der Zwischenzeit eine große Schüssel mit kaltem Wasser füllen und den Zitronensaft zugeben. Die Artischocken putzen: Die Stengel und die äußeren Blätter entfernen, die Spitze abschneiden und das Heu herauskratzen. Die Blätter etwas auseinanderdrücken und die Artischocken ins angesäuerte Wasser geben, damit sie sich nicht verfärben.

◈ Das Brot aus der Schüssel nehmen, kräftig ausdrücken, zerpflücken und wieder in die leere Schüssel geben. Kräuter, Parmesan, Sardellenfilet, Ei und die Hälfte des Olivenöls zugeben und alles gründlich miteinander vermengen. Mit Salz und Pfeffer abschmecken.

◈ Die Artischocken aus dem Wasser nehmen, gut abtropfen lassen und mit der Kräuter-Brot-Mischung füllen. Die Füllung dabei auch zwischen die Blätter drücken. Das restliche Öl und das Wasser in einen Topf geben und die gefüllten Artischocken aufrecht hineinsetzen. Die Artischocken zugedeckt etwa 15 Minuten bei niedriger Temperatur garen lassen, bis sie weich sind.

◈ Die Artischocken auf einer Platte anrichten und heiß oder zimmerwarm servieren.

Für 6 Personen

Finocchi all'Acciuga

Fenchel in Sardellensauce

Fenchel, der ursprünglich aus dem Süden Italiens stammt, wird, meist in dünne Scheiben geschnitten, sowohl roh als auch gekocht gegessen. Man schreibt ihm eine verdauungsfördernde Wirkung zu. Er hat einen süßlich-aromatischen, erfrischenden Geschmack, besonders roh in einem Salat. Fenchel wächst normalerweise über der Erde, man bedeckt ihn jedoch auch mit einem Erdhügel, damit er seine weiße Farbe behält und zart bleibt. Sind die Fasern des Fenchels von außen kaum sichtbar, ist dies ein Zeichen dafür, daß die Knolle zart ist, treten sie jedoch deutlich hervor, ist der Fenchel zäh.

6 Fenchelknollen
2 EL bestes kaltgepreßtes Olivenöl
3 Sardellenfilets in Öl, abgetropft
0,2 l Crème double
Salz und frisch gemahlener Pfeffer
60 g frisch geriebener Parmesan

Eine große Schüssel mit Eiswasser bereithalten. In einem großen Topf Salzwasser zum Kochen bringen, den Fenchel hineingeben und 5 Minuten blanchieren. Die Knollen mit einem Schaumlöffel aus dem Topf heben und, damit sie sich nicht verfärben, ins Eiswasser geben. Den Fenchel aus dem Wasser nehmen, abtropfen lassen und längs vierteln. Die Stiele und die Enden von den Knollen entfernen.

▣ In einem großen Topf das Öl bei niedriger Temperatur erhitzen, die Sardellenfilets hineingeben und einige Minuten braten, bis sie zerfallen. Crème double unterrühren, den Fenchel hineingeben und zugedeckt bei niedriger Temperatur in etwa 10 Minuten gar werden lassen.

▣ Das Fenchelgemüse auf einer Platte anrichten.

▣ Die Sauce bei mittlerer Temperatur leicht einkochen lassen und mit Salz und Pfeffer abschmecken. Über den Fenchel gießen, mit Parmesan bestreuen und sofort servieren.

Für 6 Personen

Involtini di Lattuga
Gefüllte Salatblätter

Diese Rouladen kann man mit verschiedenem rohem oder gekochtem Fleisch, mit Würsten, luftgetrocknetem italienischem Schinken oder Mortadella, mit gekochtem Gemüse oder mit Fisch füllen. Statt der Salatblätter eignen sich als Hülle auch blanchierte Mangold- und Wirsingblätter. Man kann die Rouladen im voraus zubereiten und erst wenige Minuten vor dem Servieren fertigstellen.

1 Scheibe kräftiges dunkles Brot, ohne Rinde
$\frac{1}{8}$ l Milch
6 große Blätter Römischer Salat
60 g Mortadella, fein gehackt
1 Eigelb
150 Broccoliröschen, blanchiert
2 EL frisch geriebener Parmesan
Salz und frisch gemahlener Pfeffer
2 EL bestes kaltgepreßtes Olivenöl

Das Brot in eine Schüssel geben und in der Milch etwa 10 Minuten einweichen. Abtropfen lassen, kräftig ausdrücken und beiseite stellen.

✠ In einer großen Schüssel Eiswasser bereithalten. Salzwasser in einem großen Topf zum Kochen bringen und die Salatblätter kurz hineingeben. Mit einem Schaumlöffel herausnehmen und sofort ins Eiswasser tauchen. Die Salatblätter abtropfen lassen und mit der Zubereitung der Rouladen weiter nach den Anleitungen auf der gegenüberliegenden Seite verfahren.

✠ In einer großen, tiefen Pfanne das Öl bei niedriger Temperatur erhitzen. Die Rouladen, mit dem überlappenden Rand nach unten, hineingeben und zugedeckt 5 Minuten braten, dabei einmal vorsichtig wenden.

✠ Die gefüllten Salatblätter auf einer vorgewärmten Platte anrichten und sofort servieren.

Für 6 Personen

1. Auf einer mit einem sauberen Küchentuch ausgelegten Arbeitsfläche die blanchierten Salatblätter so ausbreiten, daß das untere Ende der Blätter auf den Körper zeigt. Die Rippen der Blätter mit der Messerklinge etwas weich drücken. In der Küchenmaschine oder im Mixer Mortadella, Eigelb, eingeweichtes Brot, Broccoli und Parmesan zu einer glatten Paste verarbeiten und mit Salz und Pfeffer abschmecken.

2. Etwas Füllung auf das untere Drittel jedes Salatblattes setzen, die Seiten der Blätter darüberfalten.

3. Am unteren Ende beginnend die Blätter zu Rouladen aufrollen und darauf achten, daß die Füllung nicht herausfallen kann.

Broccoli alla Salsiccia
Broccoli mit Schweinswurst

Broccoli ist ein typisches Wintergemüse. Es ist besonders in Apulien beliebt, wo es in großen Mengen angebaut wird. Man kann den Broccoli in diesem Rezept auch durch weiße oder grüne Blumenkohlröschen ersetzen.

1 kg Broccoli
3 EL bestes kaltgepreßtes Olivenöl
300 g rohe italienische Schweinswurst, enthäutet und das Mett in kleine Stückchen zerpflückt
$\frac{1}{8}$ l trockener Weißwein
Salz und frisch gemahlener Pfeffer

Den Broccoli in Röschen zerteilen und beiseite stellen. Die dickeren Stiele entfernen, die dünneren in Stücke schneiden. Zwei Schüsseln mit Eiswasser bereitstellen. In einem Topf Salzwasser aufkochen lassen, die Broccolistiele hineingeben und 1 Minute blanchieren. Mit einem Schaumlöffel aus dem Topf nehmen und im Eiswasser abschrecken. Danach die Broccoliröschen blanchieren und in die zweite Schüssel mit Eiswasser geben. Broccoliröschen und -stiele abtropfen lassen und getrennt beiseite stellen.

▨ Das Öl in einem großen Topf bei mittlerer Temperatur erhitzen. Die Schweinswurst hineingeben und unter ständigem Rühren etwa 5 Minuten braten. Die Broccolistiele und den Wein zufügen, die Hitze reduzieren und zugedeckt etwa 10 Minuten köcheln lassen. Die Broccoliröschen zugeben und weitere 2 Minuten garen. Mit Salz und Pfeffer abschmecken.

▨ Das Gericht auf einer vorgewärmten Platte anrichten und heiß servieren.

Für 6 Personen

Von oben nach unten: Broccoli mit Schweinswurst, Lauch mit Safran, Grüne Bohnen mit gerösteten Haselnüssen, Paprikaschoten mit Tomatensauce

Fagiolini alle Nocciole
Grüne Bohnen mit gerösteten Haselnüssen

100 g Haselnüsse, grob gehackt
1 kg grüne Bohnen
6 EL bestes kaltgepreßtes Olivenöl

Den Backofen auf 180° C vorheizen. Die Haselnüsse hineingeben und etwa 5 Minuten rösten, bis sie goldbraun sind. Beiseite stellen.

Die Bohnen in sprudelndem Salzwasser 1 Minute blanchieren. Das Wasser abgießen, die Bohnen in einer Schüssel mit Eiswasser abschrecken, herausnehmen und abtropfen lassen. Das Öl in einem großen Topf erhitzen und die Bohnen etwa 10 Minuten darin schmoren.

Die Bohnen auf einer Platte anrichten, mit den Nüssen bestreuen und sofort auftragen.

Peperoni alla Marinara
Paprikaschoten mit Tomatensauce

6 EL bestes kaltgepreßtes Olivenöl
6 gelbe Paprikaschoten, längs halbiert, entkernt und die weißen Rippen entfernt
3 Knoblauchzehen, gehackt
500 g Eiertomaten, geschält und gehackt, oder Dosentomaten mit ihrem Saft
Salz und frisch gemahlener Pfeffer
1 Handvoll frische Basilikumblätter, in Streifen geschnitten

Den Backofen auf 180° C vorheizen. Ein Backblech mit der Hälfte des Öls bestreichen, die Paprikaschoten, Schnittseite nach oben, darauf auslegen, in den vorgeheizten Ofen schieben und 20 Minuten garen. In der Zwischenzeit in einem Topf das restliche Öl erhitzen, den Knoblauch hineingeben und in etwa 3 Minuten glasig werden lassen. Die Tomaten zufügen und bei mittlerer Hitze etwa 15 Minuten köcheln lassen, bis die Flüssigkeit verdampft ist, dabei gelegentlich umrühren. Mit Salz und Pfeffer abschmecken.

Die Paprikaschoten mit der Schnittfläche nach oben auf einer Platte anrichten, mit Salz bestreuen und mit der Tomatensauce füllen. Mit Basilikumblättern bestreuen und heiß servieren.

Beide Rezepte für 6 Personen

94

Porri allo Zafferano
Lauch mit Safran

Um sicherzugehen, daß man echten Safran bekommt, sollte man ihn nicht gemahlen, sondern in Form von Fäden kaufen. Safran wird in vielen Gerichten verwendet, so auch für das berühmte, aromatisch duftende gelbe *risotto alla milanese*. Safranfäden muß man vor dem Gebrauch im Mörser zerstoßen und etwa 5 Minuten lang in wenig Brühe oder Wasser auflösen, damit sie ihr volles Aroma entwickeln. Nach diesem Rezept kann man auch Fenchel, Zwiebeln, Frühlingszwiebeln oder Spargel zubereiten. Statt Safran kann man zur Not auch gehackte glattblättrige Petersilie verwenden.

2 kg Lauch
$\frac{1}{4}$ l Crème double
einige Safranfäden, ersatzweise 2 EL gehackte glattblättrige Petersilie
60 g frisch geriebener Parmesan
Salz

Von den Lauchstangen den grünen Teil entfernen. Den Lauch von oben längs einschneiden, die Blätter etwas auseinanderbiegen und unter fließendem kaltem Wasser gründlich spülen.
▩ In einem Topf Salzwasser zum Kochen bringen. Den Lauch hineingeben und 2 Minuten blanchieren. Das Wasser abgießen, den Lauch gut abtropfen lassen und in eine Pfanne geben.
▩ 4 EL Crème double in einem kleinen Topf erhitzen, den Topf vom Herd nehmen und den eingeweichten Safran unterrühren. Die restliche Crème double und den Parmesan unterheben und die Mischung über den Lauch gießen. Den Lauch ohne Deckel bei niedriger Temperatur in etwa 5 Minuten gar werden lassen. (Falls Sie auf Safran verzichten, verrühren Sie einfach Crème double, Parmesan und gehackte Petersilie miteinander und gießen diese Mischung über den Lauch.)
▩ Mit Salz abschmecken, den Lauch auf einer vorgewärmten Platte anrichten und servieren.

Für 6 Personen

Melanzane all'Agro
Süßsaure Auberginen

Früher hatten Auberginen einen leicht bitteren Geschmack. Man mußte sie deswegen vor dem Zubereiten salzen und mit einem Gewicht versehen ziehen lassen, damit sie ihre Bitterstoffe verloren. Moderne Züchtungen machen diese Prozedur mittlerweile überflüssig. Dieses Gericht läßt sich bis zu dem Zeitpunkt, wenn die Tomate zugegeben wird, vorbereiten und zugedeckt bis zu drei Stunden im Kühlschrank aufbewahren. Die Auberginen werden in diesem Fall noch einmal erhitzt und die Tomate kurz vor dem Servieren untergerührt.

3 EL bestes kaltgepreßtes Olivenöl
$\frac{1}{2}$ Zwiebel, in Scheiben geschnitten
2 Auberginen, zusammen etwa 300 g, in Würfel geschnitten
2 Lorbeerblätter
3 EL Rosinen, etwa 30 Minuten in Wasser eingeweicht und gut abgetropft
4 EL Rotweinessig
$\frac{1}{8}$ l Wasser
1 Tomate, geschält und in Würfel geschnitten
Salz und frisch gemahlener Pfeffer

Das Öl in einer großen Pfanne bei mittlerer Temperatur erhitzen. Zwiebel und Auberginen hineingeben und unter gelegentlichem Rühren etwa 10 Minuten sautieren. Lorbeerblätter, Rosinen und Essig zufügen.

▨ Die Hitze reduzieren und die Auberginen etwa 10 Minuten zugedeckt schmoren lassen, bis der Essig verkocht ist. Nach und nach etwas Wasser zugießen und die Auberginen weitere 30 Minuten garen lassen.

▨ Die Lorbeerblätter entfernen, die Tomate zugeben und mit Salz und Pfeffer abschmecken. Alles gut miteinander vermischen und sofort auftragen.

Für 6 Personen

Von oben: Mangold mit gerösteten Semmelbröseln, Süßsaure Auberginen, Karamelisierte Mohrrüben

Carote Caramellate

Karamelisierte Mohrrüben

Dieses Rezept stammt aus der Renaissance; damals hat man Gemüse häufig mit süßsauren Saucen serviert. Auf dieselbe Art kann man auch Perlzwiebeln, Sellerie oder Zucchini zubereiten.

$1\frac{1}{4}$ kg Mohrrüben, geputzt und geschält
3 EL bestes kaltgepreßtes Olivenöl
Salz und frisch gemahlener Pfeffer
6 EL (90 g) Zucker
6 EL Rotweinessig
3 EL Rosinen, etwa 30 Minuten in Wasser eingeweicht und gut abgetropft

Die Mohrrüben in 3 mm dicke Scheiben hobeln.
▣ In einer Pfanne das Olivenöl bei mittlerer Temperatur erhitzen. Die Mohrrüben hineingeben und unter gelegentlichem Rühren 10 Minuten schmoren lassen. Mit Salz und Pfeffer würzen, den Zucker zugeben und das Gemüse weitere 5 Minuten garen. Essig und Rosinen in die Pfanne geben, gut umrühren und weitere 2 Minuten schmoren lassen.
▣ Die Mohrrüben auf einer Platte anrichten und sofort servieren.

Für 6 Personen

Bietole al Pangrattato
Mangold mit gerösteten Semmelbröseln

Mit Mangold kann man sowohl ausgezeichnete Gemüsegerichte als auch köstliche Nudelsaucen kochen. Auch weißer oder grüner Blumenkohl läßt sich nach diesem Rezept zubereiten.

$1\frac{1}{4}$ kg Mangold
6 EL bestes kaltgepreßtes Olivenöl
3 Knoblauchzehen, gehackt
1 Sardellenfilet in Öl, abgetropft (nach Belieben)
6 EL (60 g) Semmelbrösel
3 EL Rosinen, etwa 30 Minuten in Wasser eingeweicht und gut abgetropft
3 EL Pinienkerne

Die weißen Mittelrippen des Mangolds herausschneiden und schälen. Eine große Schüssel mit Eiswasser bereit stellen. In einem großen Topf Salzwasser zum Kochen bringen, die Mangoldrippen hineingeben und 3 Minuten kochen lassen. Die Blätter zugeben und 1 Minute blanchieren. Das Wasser abgießen und das Gemüse ins Eiswasser geben. Den Mangold aus dem Eiswasser nehmen, abtropfen lassen, kräftig ausdrücken und grob hacken.

▨ In einem Topf die Hälfte des Öls bei niedriger Temperatur erhitzen. Knoblauch und Sardellenfilet (nach Belieben) hineingeben und etwa 3 Minuten braten, bis der Knoblauch glasig ist. Den Mangold zugeben und zugedeckt unter gelegentlichem Rühren 5 Minuten schmoren lassen.

▨ In der Zwischenzeit das restliche Öl in einer Pfanne bei mittlerer Temperatur erhitzen, die Semmelbrösel hineingeben und unter Rühren in etwa 3 Minuten goldgelb werden lassen. Die Rosinen zugeben und gut verrühren.

▨ Das Mangoldgemüse auf einer Platte anrichten und mit den Pinienkernen bestreuen. Die Semmelbrösel erst ganz zum Schluß darübergeben, wenn das Gemüse bereits auf die Teller verteilt ist.

Für 6 Personen

Von oben nach unten: Spinat mit Mandelmakronen, Chicorée mit Walnüssen

Indivia del Belgio alle Noci

Chicorée mit Walnüssen

2 EL bestes kaltgepreßtes Olivenöl
6 Chicorées, geputzt und längs halbiert
4 EL trockener Weißwein
60 g frisch geriebener Parmesan
60 g gehackte Walnüsse
Salz

Das Öl in eine große Pfanne gießen, die Chicorées, Schnittfläche nach unten, hineingeben, den Wein zugießen und das Gemüse mit Salz bestreuen. Die Chicorées zugedeckt bei niedriger Temperatur in etwa 5 Minuten gar werden lassen.

◈ Mit der Schnittfläche nach oben auf einer vorgewärmten Platte anrichten, mit dem Parmesan und den Walnüssen bestreuen und sofort auftragen.

Spinaci agli Amaretti

Spinat mit Mandelmakronen

Der italienische Spinat hat größere, kräftigere Blätter als der bei uns angebotene Gärtnerspinat. Man muß die Stengel nicht entfernen, da sie wie die Blätter beim Kochen schnell weich werden. Aus dem nach diesem Rezept zubereiteten Gemüse kann man auch Kroketten, Püree oder Pudding herstellen. Statt Spinat kann man auch Mangold, Zwiebeln, Broccoli oder Blumenkohl verwenden.

1¼ kg frischer Spinat
3 EL bestes kaltgepreßtes Olivenöl
Salz
12 amaretti (Mandelmakronen), zerbröckelt

Eine große Schüssel mit Eiswasser bereit stellen. In einem Topf Salzwasser zum Kochen bringen, den Spinat hineingeben und 2 Minuten blanchieren. Das Wasser abgießen und den Spinat ins Eiswasser geben. Aus dem Eiswasser nehmen, den Spinat gut abtropfen lassen und kräftig ausdrücken.

◈ Das Öl in einem schweren Topf bei mittlerer Temperatur erhitzen. Den Spinat zugeben und zugedeckt unter gelegentlichem Rühren 3 Minuten schmoren lassen. Mit Salz abschmecken.

◈ Den Spinat auf einer vorgewärmten Platte anrichten, mit amaretti bestreuen und sofort auftragen.

Beide Rezepte für 6 Personen

Tortini di Patate

Kartoffelküchlein

Dies ist eine elegante Art, Gemüse zu servieren. Die Kartoffelscheiben werden wie Blütenblätter angeordnet und sehen hübsch zu Fleisch oder Fisch aus. Sie können Ihrer Phantasie freien Lauf lassen und *tortini* in kontrastierenden Farben und verschiedenen Formen zubereiten, zum Beispiel kann man abwechselnd Kartoffel- und Tomatenscheiben oder Tomaten- und Zucchinischeiben anordnen. Zwiebelscheiben geben den Küchlein einen kräftigen Geschmack. Außerdem kann man das Gemüse mit Kräutern wie Salbei, Thymian, Estragon, Minze oder Origano aromatisieren.

6 große feste Kartoffeln, geschält
3 EL bestes kaltgepreßtes Olivenöl
Salz und frisch gemahlener Pfeffer
1 EL feingehackter frischer Rosmarin

Den Backofen auf 180° C vorheizen. Die Kartoffeln in dünne Scheiben hobeln. Die Kartoffelscheiben mit der Hälfte des Öls bestreichen und mit Salz und Pfeffer würzen.

Ein Backblech mit dem restlichen Öl bestreichen. Die Kartoffelscheiben darauf – einander überlappend – zu 6 Rosetten anordnen. Jede Rosette sollte einen Durchmesser von etwa 12 cm haben. Die Küchlein mit Rosmarin bestreuen und im vorgeheizten Ofen etwa 10 Minuten backen, bis die Kartoffeln goldbraun, aber nicht zu dunkel sind. Auf vorgewärmten Tellern anrichten und heiß auftragen.

Die Kartoffelküchlein lassen sich 6 Stunden im voraus zubereiten und bei Zimmertemperatur aufbewahren. Sie werden in diesem Fall noch einmal 5 Minuten vor dem Servieren im Ofen erhitzt.

Für 6 Personen

I DOLCI

Nachspeisen

Das Zuckerbäckergewerbe hat eine lange Tradition in Italien. Gibt es einen besonderen Anlaß zu feiern, sei es eine Hochzeit oder ein hoher kirchlicher Festtag, dürfen Süßigkeiten und Kuchen nicht fehlen. Aber auch zum späten Frühstück oder am Nachmittag gönnt man sich gern einen kleinen süßen Imbiß in einer Bar oder einer *pasticceria,* einer Konditorei.

Zu den vielen feinen *dolci,* für welche die Italiener berühmt sind, gehören der *montebianco,* ein lockeres Kastanienpüree, das von einer Sahnehaube bedeckt ist, der *buccellato,* ein mit Anis gewürzter Kranzkuchen, der vorzugsweise im Winter gebacken wird, daneben *frittelle,* ein leichtes, knuspriges Reisgebäck, das nach altem Brauch zu Josefi aufgetragen wird, und *panforte,* das »starke Brot«, ein kompaktes würziges Konfekt aus Siena. Doch diese Süßigkeiten werden selten nach einer alltäglichen Mahlzeit gegessen, meistens bildet ein Stück Obst den letzten Gang.

Viele der folgenden Desserts sind sehr leicht und dennoch ein idealer Abschluß der meisten Menüs, da in ihnen häufig frische Früchte verwendet werden: In der *crostata di uva* wird ein mit einer Creme bestrichener Tortenboden mit Trauben belegt, die *pesche agli amaretti* werden mit Mandelmakronen und Haselnußlikör aromatisiert, und die *macedonia di arance* ist eine klassische Zubereitungsart, die sich hier auf leicht karamelisierte Orangenscheiben beschränkt, während sich in dem Rezept *albicocche alla grappa* getrocknete Aprikosen mit dem weichen, aber dennoch temperamentvollen Aroma des italienischen Brandy vermählen.

Für *cannoli* werden dünne, knusprige Teighüllen mit leicht geschlagener sahniger Ricotta, unter die man entweder aromatischen Honig oder Kaffee zieht, gefüllt. Auch die *panna cotta al caffè,* gekochte und gesüßte Sahne, die man in kleinen Förmchen gelieren läßt, wird mit frisch zubereitetem Espresso parfümiert.

Der einfachste Abschluß einer Mahlzeit besteht aus einem schlichten Espresso, den man nach Belieben mit einem Häubchen aufgeschäumter Milch servieren kann. Als Variante kann man ihn auch mit Kakao oder Schokolade bestäuben – dann heißt er *caffè alla cioccolata* – oder mit einem Schuß *grappa* versetzen.

Von oben: Kaffee mit Schokolade, Aprikosen in Grappa

Albicocche alla Grappa
Aprikosen in Grappa

Dieser winterliche Nachtisch schmeckt ebenso gut, wenn man ihn mit getrockneten Feigen zubereitet.

6 getrocknete Aprikosen, entsteint
$^1/_8$ l guter Grappa oder Brandy
1 Handvoll frische Minzeblätter, nach Belieben

Die Aprikosen in eine Schüssel geben, mit Grappa bedecken und bei Zimmertemperatur mindestens 15 Tage ziehen lassen, dabei gelegentlich umrühren. Das lange Marinieren bewirkt, daß der natürliche Fruchtzucker der Aprikosen das starke Grappa-Aroma mildert.
◼ Zum Servieren die Aprikosen mit ihrem Saft auf zwei Dessertschalen verteilen und mit der Minze bestreut auftragen.

Für 2 Personen

Caffè alla Cioccolata
Kaffee mit Schokolade

$^1/_8$ l Schlagsahne
6 EL Kakao
6 Portionen Espresso
1 l Milch

Die Sahne mit einem Handrührgerät steif aufschlagen und beiseite stellen.
◼ Den Kakao in einen kleinen Topf geben. Den Herd auf mittlere Temperatur schalten und den Kaffee mit einem Schneebesen unter den Kakao rühren, bis er eine cremige Konsistenz hat. Die Milch unter ständigem Rühren zugießen und bis zum Siedepunkt heiß werden lassen.
◼ Den Kaffee auf 6 Tassen verteilen, jeweils mit einem Sahnehäubchen versehen und sofort auftragen.

Für 6 Personen

Grappa ist ein Destillat aus *vinaccia* oder Trester – den Traubenrückständen (Häuten, Kernen und Stengel) bei der Weinpressung. Der Trester wird in kupfernen Destillierapparaten zu einem hochprozentigen klaren Schnaps gebrannt, der angenehm nach Rinde duftet. Grappa wird am Ende eines üppigen Mahls gern als *digestivo*, als verdauungsfördernder Schnaps, getrunken. Grappa kann auch dazu führen, daß die Unterhaltung am Tisch lebhafter wird. In geringen Mengen genossen, hat der Schnaps eine eindeutig belebende Wirkung. Grappa nimmt man in Italien gelegentlich auch in Form eines *caffè corretto*, eines mit einem Schuß Grappa »verbesserten« Espresso, als wirkungsvolle Stärkung zu sich.

Crostata di Uva

Traubentorte

150 g Butter, außerdem 1 EL Butter für die Form
150 g Zucker
250 g Mehl, außerdem 1 EL Mehl für die Eiercreme
3 Eigelbe
knapp $\frac{1}{4}$ l Milch
1 TL geriebene Zitronenschale
300 g kernlose grüne oder blaue Trauben

Für den Tortenboden Butter, die Hälfte des Zuckers, Mehl, 1 Eigelb, 2 EL Milch und die Zitronenschale in die Küchenmaschine oder in eine Rührschüssel geben. Den Teig in der Küchenmaschine oder mit einem Handrührgerät so lange bearbeiten, bis alle Zutaten gründlich miteinander verbunden sind. Den Teig zu einer Kugel formen, in Klarsichtfolie wickeln und 2 Stunden in den Kühlschrank stellen.

◈ Den Backofen auf 180° C vorheizen. Den Teig aus dem Kühlschrank nehmen und zimmerwarm werden lassen. Auf einer leicht bemehlten Arbeitsfläche zu einem runden Fladen von 25 cm Durchmesser ausrollen. Eine Springform von 23 cm Durchmesser mit 1 EL Butter einfetten und mit Mehl bestäuben. Die Form mit dem Teigfladen auskleiden, überstehenden Teig sauber abschneiden. Den Boden mehrmals mit einer Gabel einstechen und die Form in den vorgeheizten Ofen schieben. Nach etwa 10 Minuten, wenn der Teig leicht gegangen ist, aus dem Ofen nehmen und mit den Handflächen herunterdrücken. (Man kann den Teig zum Blindbacken auch mit Backpapier auslegen und mit Hülsenfrüchten beschweren.) Den Tortenboden wieder in den Ofen schieben und etwa 20 Minuten backen, bis er goldbraun ist. Aus dem Ofen nehmen und vor dem Belegen vollständig auskühlen lassen.

◈ Für die Füllung die restlichen beiden Eigelbe und den restlichen Zucker im Wasserbad mit dem Handrührgerät oder einem Schneebesen zu einer hellgelben Masse aufschlagen. 1 EL Mehl und nach und nach die restliche Milch zugeben und so lange schlagen, bis die Masse so fest ist, daß sie den Rücken eines Löffels überzieht. Die Eimasse darf auf keinen Fall kochen. Beiseite stellen und abkühlen lassen.

◈ Den abgekühlten Tortenboden auf eine Platte geben und mit der Eiercreme füllen, mit den Weintrauben belegen und sofort auftragen.

Für 6 Personen

Im Uhrzeigersinn von oben links: Traubentorte, Cappuccino, »Mohr im Hemd« – Schokoladenkuchen mit Kaffee-Zabaione, Kaffee mit Grappa

Caffè con Grappa
Kaffee mit Grappa

Kaffee mit Grappa ist ein Getränk, das man gut nach einem Mittag- oder Abendessen, aber auch zu jeder anderen Gelegenheit vertragen kann. Grappa wird meist mit Espresso getrunken, man kann ihn aber auch in einen gewöhnlichen schwarzen Kaffee geben.

1 Portion Espresso
1 EL Grappa oder Brandy

Den Grappa in den Espresso gießen und sofort servieren.

Für 1 Person

Cappuccino
Kaffee mit aufgeschäumter Milch

6 Portionen Espresso
$1/2$ l Milch
1 EL Kakao (nach Belieben)

Jeweils einen Espresso in eine normale Kaffeetasse gießen.
Die Milch in ein Metallkännchen gießen und mittels des Dampfrohrs an der Espresso-Maschine aufschäumen. Die aufgeschäumte heiße Milch auf die sechs Espressi verteilen und nach Belieben mit Kakao, den man durch ein Sieb streicht, bestäuben.

Für 6 Personen

Die Macht der Republik Venedig war auf den Handel begründet, der mit der Salzgewinnung aus den umliegenden Lagunen seinen Anfang nahm. Bereits zu Beginn des 9. Jahrhunderts besaßen die Venezianer das Monopol für den Salzhandel im nord-östlichen Mittelmeer-raum. Mit zunehmendem Wohlstand und wirt-schaftlichem Einfluß wandten sie sich dann dem Gewürzhandel zu – anfangs handelten sie nur mit Pfeffer, später mit allen denkbaren Gewürzen. Mit dem Handel wuchsen auch ihr Herrschaftsgebiet und ihre finanzielle Macht. Als Portugal ihnen das Gewürzhandelsmonopol streitig machte, wichen sie auf den Kaffeehandel aus, und in Venedig wurden die ersten Kaffee-häuser Europas eröffnet. Noch heute erinnert die Rokokopracht des Caffè Florian in Venedig an diese Zeiten.

110

Moro in Camicia

»Mohr im Hemd« – Schokoladenkuchen mit Kaffee-Zabaione

120 g Butter, außerdem 1 EL Butter für die Form
100 g Mandeln, geröstet und fein gehackt
180 g halbbittere Schokolade
6 große Eier, getrennt, außerdem 3 Eigelbe
1 Eiweiß, wenn der »Mohr im Hemd« kalt serviert wird
300 g Zucker
6 EL frisch zubereiteter Espresso

Den Backofen auf 180° C vorheizen. Für den Schokoladenkuchen eine tiefe Form von 15 cm Durchmesser mit 1 EL Butter einfetten. Die Form mit etwas feingehackten Mandeln ausstreuen und in den Kühlschrank stellen.

▩ Die Schokolade zusammen mit der Butter unter ständigem Rühren im Wasserbad schmelzen lassen. Aus dem Wasserbad nehmen und vollständig auskühlen lassen.

▩ Mit einem Handrührgerät 6 Eiweiße in einer Schüssel steif schlagen.

▩ In einer anderen Schüssel 6 Eigelbe mit 200 g Zucker zu einer hellgelben, schaumigen Masse aufschlagen, die geschmolzene Schokolade unterrühren und zu einer cremigen Masse verarbeiten. Mit einem Spatel vorsichtig den Eischnee und die restlichen gehackten Mandeln unterheben. Den Teig in die vorbereitete Form füllen und im vorgeheizten Ofen etwa 40 Minuten backen. Zur Garprobe mit einer Metallnadel in den Kuchen stechen; bleibt kein Teig daran kleben, ist der Kuchen gar. Den Schokoladenkuchen in der Form auskühlen lassen.

▩ Für die *zabaione* die restlichen 3 Eigelbe mit dem restlichen Zucker mit einem Handrührgerät im Wasserbad zu einer schaumigen Creme aufschlagen. Den Espresso zugeben und die Masse unter ständigem Rühren dick und schaumig werden lassen. Die *zabaione* darf auf keinen Fall kochen.

▩ Den Schokoladenkuchen aus der Form lösen, dabei mit einem spitzen Messer am Rand entlangfahren, und auf eine Platte stürzen. Die heiße *zabaione* darübergießen und sofort auftragen.

▩ Diese Nachspeise kann man auch kalt servieren. Den Kuchen aus der Form stürzen und abkühlen lassen. Die fertige *zabaione* beiseite stellen und ebenfalls abkühlen lassen. Das steif geschlagene Eiweiß unterheben und die Sauce unmittelbar vor dem Servieren über den Schokoladenkuchen gießen.

Für 6 Personen

Tiramisù

»Richte mich auf« – Biskuitdessert mit Ricotta

Tiramisù kennt man inzwischen auch über Italiens Grenzen hinaus. Ursprünglich nannte man diese Süßspeise *zuppa del duca* (Suppe des Herzogs). Sie wurde anläßlich eines Besuchs des Großherzogs Cosimo de' Medici III. in Siena kreiert. Der Großherzog nahm das Rezept für das *tiramisù* mit nach Florenz, wo es sich Ende des 19. Jahrhunderts bei englischen Intellektuellen und Künstlern großer Beliebtheit erfreute. Die wiederum nahmen das Rezept mit nach England, und so kommt es, daß das *tiramisù* in Italien auch *zuppa inglese* genannt wird. Hier ein Rezept für ein leichtes *tiramisù*.

125 g halbbittere Schokolade
3 Eigelbe
3 EL Zucker
0,3 l Vin Santo oder ein anderer Dessertwein
1 Eiweiß
4 EL frisch zubereiteter, besonders starker Espresso
250 g Ricotta, zimmerwarm
$\frac{1}{4}$ l Schlagsahne
120 g Löffelbiskuits
1 EL Kakao zum Bestäuben

Die Schokolade im Wasserbad zum Schmelzen bringen und vollständig auskühlen lassen.
◫ Für die Zubereitung der *zabaione* und die Fertigstellung des *tiramisù* weiter nach den Anleitungen auf der gegenüberliegenden Seite verfahren.
◫ Zum Garnieren die restliche geschlagene Sahne in einen Spritzbeutel geben und das *tiramisù* mit kleinen Sahnetupfen dekorieren. Man kann das *tiramisù* bis zu 12 Stunden im Kühlschrank aufbewahren. Unmittelbar vor dem Servieren mit dem Kakao bestäuben.

Für 6 Personen

1. Für die Zubereitung der *zabaione* die Eigelbe zusammen mit dem Zucker mit einem Handrührgerät oder mit dem Mixstab im Wasserbad zu einer hellgelben, schaumigen Masse aufschlagen. $1/8$ l Vin Santo zugeben und die Creme im Wasserbad so lange rühren, bis sie dick zu werden beginnt. Die Eiercreme darf auf keinen Fall kochen. Die *zabaione* aus dem Wasserbad nehmen, die abgekühlte geschmolzene Schokolade unterrühren und die Masse vollständig auskühlen lassen.

2. Das Eiweiß zu Schnee schlagen und mit einem Spatel vorsichtig unter die kalte *zabaione* heben. Die Ricotta mit dem Espresso verrühren und beiseite stellen. Die Sahne steif schlagen.

3. Die Löffelbiskuits in den restlichen Vin Santo tauchen und den Boden einer Schale von 23 cm Durchmesser damit auslegen. Die Hälfte der Ricotta-Mischung gleichmäßig darauf verstreichen, darüber die Hälfte der *zabaione* verteilen und zum Schluß die Hälfte der geschlagenen Sahne darübergeben. Weiter mit einer Lage Ricotta und *zabaione* verfahren, dann das *tiramisù* mit der restlichen geschlagenen Sahne dekorieren.

Pesche agli Amaretti

Pfirsiche mit Mandelmakronen

Pfirsiche mit weißem Fleisch, die bei uns manchmal nicht leicht zu bekommen sind, sind bei diesem Rezept den gelbfleischigen vorzuziehen. Diese Nachspeise läßt sich aber auch mit Aprikosen oder im Winter mit Birnen zubereiten.

18 *amaretti* (Mandelmakronen)
$\frac{1}{8}$ l Haselnußlikör
6 Pfirsiche
$\frac{1}{4}$ l halbtrockener Weißwein
150 g Zucker
$\frac{1}{4}$ l Schlagsahne, zum Dekorieren

In einer Schüssel die *amaretti* in dem Nußlikör einweichen und cremig rühren.

▨ In einem Topf Wasser zum Kochen bringen. Die Pfirsiche für eine Minute hineingeben, herausnehmen und abtropfen lassen. Die Pfirsiche schälen, halbieren und die Steine entfernen. Die Früchte in einen großen Topf, Schnittfläche nach unten, geben, den Wein zugießen, mit dem Zucker bestreuen und zugedeckt bei niedriger Temperatur etwa 10 Minuten köcheln lassen, bis sie gerade gar sind. Die Pfirsiche mit einem Schaumlöffel aus dem Topf nehmen und beiseite stellen. Die Flüssigkeit auf $\frac{1}{8}$ l einkochen und vollständig auskühlen lassen.

▨ Die Sahne mit dem Handrührgerät steif schlagen.

▨ Für die Fertigstellung des Desserts die Pfirsiche auf einer Platte anrichten und mit der *amaretti*-Mischung füllen. Die Pfirsiche mit dem Fruchtsirup umgießen und mit der geschlagenen Sahne dekorieren.

Für 6 Personen

Von oben: Haselnußtorte, Pfirsiche mit Mandelmakronen, Erdbeerhalbgefrorenes mit Nougat

Torta di Nocciole

Haselnußtorte

125 g Mandeln, blanchiert und geröstet
125 g Butter, außerdem 1 EL Butter für die Form
250 g Zucker
2 ganze Eier und 3 Eigelbe
6 EL (60 g) Mehl, außerdem 2 EL Mehl für die Form
180 g Haselnüsse, geschält
2 EL Wasser
0,2 l Schlagsahne

Den Backofen auf 170° C vorheizen. Die Hälfte der Mandeln in der Küchenmaschine oder in einem Mixer fein mahlen und beiseite stellen.

▨ Die Butter mit 150 g Zucker in der Küchenmaschine oder mit einem Handrührgerät schaumig schlagen. Bei laufendem Motor nacheinander Eier und Eigelbe zugeben. Dabei mit der Zugabe des nächsten immer so lange warten, bis ein Ei vollständig verrührt ist. Die Mischung aus der Küchenmaschine in eine Rührschüssel füllen und das Mehl sowie die gemahlenen Mandeln unterheben.

▨ Eine Springform von 23 cm Durchmesser mit 1 EL Butter einfetten und mit 2 EL Mehl bestäuben. Den Teig hineinfüllen und die Oberfläche mit einem Spachtel glattstreichen.

▨ Den Kuchen im vorgeheizten Ofen etwa 40 Minuten backen. Zur Probe mit einer Metallnadel hineinstechen; wenn kein Teig an ihr hängenbleibt, ist er gar. Den Kuchen einige Minuten abkühlen lassen, aus der Form lösen und auf eine Platte gleiten und vollkommen auskühlen lassen.

▨ In der Zwischenzeit die Haselnüsse karamelisieren. Dafür 100 g Zucker und 2 EL Wasser in einen kleinen schweren Topf geben und bei mittlerer Temperatur unter ständigem Rühren in etwa 3 Minuten schmelzen lassen. Den Topf vom Herd nehmen, die Haselnüsse hineingeben und so lange rühren, bis sie gleichmäßig vom Zucker überzogen sind. Den Topf wieder auf den Herd stellen und die Nüsse bei mittlerer Temperatur unter ständigem Rühren karamelisieren lassen. Die Nüsse auf Wachspapier geben, mit einer Zange oder einer Pinzette aneinanderklebende Nüsse trennen und vollkommen auskühlen lassen.

▨ Zum Fertigstellen der Nußtorte den Boden auf eine Servierplatte geben. Mit dem Handrührgerät die Sahne steif schlagen und den Tortenboden damit gleichmäßig bestreichen. Die restliche Sahne in einen Spritzbeutel füllen und den Tortenrand mit Rosetten verzieren. Die Tortenoberfläche gleichmäßig, in der Mitte beginnend, kreisförmig mit Haselnüssen belegen und sofort auftragen.

Für 6 Personen

Semifreddo di Fragole al Torrone

Erdbeerhalbgefrorenes mit Nougat

Ein *semifreddo,* zubereitet aus geschlagener Sahne und Erdbeeren, Schokolade oder anderen Zutaten, ist gewöhnlich ein ziemlich gehaltvolles Dessert. Wenn man die Sahne durch Ricotta ersetzt, entsteht eine etwas leichtere Version dieser Nachspeise. *Torrone* (Nougat) ist eine Spezialität von Cremona, die von dort aus das ganze Land, besonders aber die Abruzzen und Sizilien, erobert hat. Die klassische Zubereitungsart für *torrone* verlangt nach einer Mischung aus Honig, Mandeln und Eiweiß, die durch Haselnüsse, Pistazienkerne oder kandierte Früchte angereichert wird.

6 EL (90 g) Zucker
4 EL Wasser
15 g gemahlene Gelatine
1 EL Mandelessenz
600 g Erdbeeren, geputzt
360 g Ricotta
180 g *torrone* (Nougat)

In einem kleinen Topf den Zucker mit dem Wasser unter Rühren bei niedriger Temperatur auflösen. Den Topf vom Herd nehmen, den aufgelösten Zucker mit der Gelatine bestreuen und zum Abkühlen beiseite stellen.

▣ Eine Form von 18 cm Durchmesser mit der Mandelessenz bestreichen. In der Küchenmaschine oder im Mixer die Erdbeeren pürieren, die Gelatine-Zucker-Mischung und die Ricotta dazugeben und alles gründlich miteinander vermengen. Die Mischung in die vorbereitete Form gießen und 6 Stunden ins Gefrierfach des Kühlschranks stellen.

▣ Die Form aus dem Gefrierfach nehmen, 5 Sekunden in heißes Wasser tauchen und das Erdbeerhalbgefrorene auf eine Platte stürzen. Den Nougat in der Küchenmaschine oder im Mixer zerkleinern, über das *semifreddo* streuen und servieren.

Für 6 Personen

Die Cremoneser Spezialität *torrone* wurde anläßlich der Vermählung von Bianca Maria Visconti mit Francesco Sforza im Jahre 1471 in Cremona als Symbol der Verbindung von zwei der mächtigsten Adelsgeschlechter Italiens kreiert. Dieses an Nüssen reiche Nougat wurde damals vermutlich als Nachbildung des eindrucksvollen Torrazzo im Zentrum der Stadt, des höchsten Glockenturms des ganzen Landes, aufgetragen. *Torrone* ist eine reichhaltige Mischung aus Eiweiß, Honig, Mandeln und häufig auch kandierten Früchten. In abgekühltem Zustand wird der Nougat knusprig hart.

117

Torta della Nonna

Apfelstreuselkuchen nach Großmutters Art

Dieser Kuchen, der aus vielen Früchten und wenig Teig zubereitet wird, ist ein angenehmes Dessert zu einem Mittagessen. Der Streuselteig läßt sich schnell in der Küchenmaschine herstellen. Man kann auch andere Früchte für den Kuchen verwenden, obwohl sich Äpfel hierfür am besten eignen, da sie nicht so viel Saft enthalten. Dies ist ein altes Rezept, das von der Großmutter einer Freundin stammt, die den Kuchen häufig für mich gebacken hat. Wenn man ihn noch etwas anreichern möchte, kann man den Apfelkuchen auch mit Schlagsahne, die mit Himbeersirup aromatisiert wird, servieren.

6 EL (90 g) Zucker
6 EL (90 g) Butter, zimmerwarm, außerdem 1 EL Butter für die Form
1 großes Ei
1 TL Backpulver
100 g gemahlene Mandeln
250 g Mehl
4 Äpfel (Boskop, Golden Delicious o. ä.), geschält, entkernt und geraspelt
60 g Rosinen, mit trockenem Weißwein bedeckt und etwa 30 Minuten darin eingeweicht
60 g Pinienkerne
125 g Brombeer- oder Blaubeermarmelade
18 amaretti (Mandelmakronen)

Den Backofen auf 180° C vorheizen. In der Küchenmaschine oder mit dem Handrührgerät den Zucker zusammen mit der Butter schaumig rühren. Ei, Backpulver, gemahlene Mandeln und Mehl zugeben und zu einem krümeligen Teig verarbeiten.

In einer Schüssel Äpfel, Rosinen, Pinienkerne, Marmelade und amaretti miteinander vermischen.

Eine Springform von etwa 20 cm Durchmesser mit 1 EL Butter einfetten. Den Boden und die Wände der Form mit zwei Dritteln des Teigs bedecken, dabei den Teig gleichmäßig fest andrücken. Die Springform mit der Apfelmischung füllen und mit dem restlichen Streuselteig bedecken.

Die Form in den vorgeheizten Ofen schieben und den Apfelkuchen etwa 1 Stunde backen, bis er gar ist und eine goldgelbe Kruste hat. Falls der Streuselbelag zu schnell braun zu werden beginnt, die Form locker mit Alufolie abdecken.

Den Kuchen aus dem Ofen nehmen, aus der Form lösen und auf eine Platte gleiten lassen. Warm oder mit Zimmertemperatur servieren.

Für 6 Personen

118

Pinolata
Kuchen mit Pinienkernen

Diesen Kuchen bereitet man häufig in der Toskana zu, wo an den anderswo teuren Pinienkernen kein Mangel herrscht. Die *pinolata* ist nicht eigentlich eine Nachspeise, vielmehr reicht man sie gern zum Frühstück oder zum Brunch oder aber zur *merenda*, einer Zwischenmahlzeit am Vor- beziehungsweise Nachmittag.

180 g Mehl, außerdem 3 EL Mehl für die Form
1 TL Backpulver
1 Prise Salz
125 g Butter, zimmerwarm, außerdem 1 EL Butter für die Form
125 g Zucker
3 Eier
100 g Pinienkerne

Den Backofen auf 180° C vorheizen. Mehl, Backpulver und Salz in eine Schüssel sieben.

▨ In der Küchenmaschine oder mit dem Handrührgerät Butter und Zucker schaumig rühren. Nacheinander die Eier hineinschlagen, gut verrühren und zum Mehl in die Schüssel geben. Alles zu einem glatten, weichen Teig verarbeiten.

▨ Eine Form von 30 x 15 cm Größe einfetten und mit Mehl bestäuben. Den Teig hineingeben und mit den Pinienkernen bestreuen. Den Kuchen in den vorgeheizten Ofen schieben und etwa 40 Minuten backen, bis er gar ist. Zur Probe mit einer Metallnadel hineinstechen; bleibt kein Teig an ihr hängen, kann der Kuchen aus dem Ofen genommen werden.

▨ Den Kuchen auf einem Gitter vollständig auskühlen lassen und mit oder ohne Sahne servieren.

Für 6–8 Personen

Im Uhrzeigersinn von oben links: Gestürzte Sahnecreme mit Kaffee-Aroma, Karamelisierter Orangensalat, Ricotta mit Honig, Kuchen mit Pinienkernen

Panforte, eine süße Spezialität aus der Toskana, wurde im Mittelalter in Siena erfunden, einer Stadt, die für ihren schwunghaften Handel mit Gewürzen berühmt war. In seiner ursprünglichen Form trug das *panforte,* eine Mischung aus Honig, Mandeln, Feigen und Mehl, den Namen *panis acidis* – *acidis* deshalb, weil es so schnell in Gärung überging. Einige erfinderische Bäcker setzten ihm daher Gewürze zu, darunter reichlich Pfeffer, die das Gären verhinderten und zugleich den Preis in die Höhe trieben. So entstand das *panforte,* das sich monatelang hielt und deshalb ideal für Kreuzfahrer war. Einige der Gläubigen mag es allerdings in einen religiösen Zwiespalt getrieben haben, denn den Gewürzen sagte man damals nach, sie würden fleischliche Gelüste wecken.

Panna Cotta al Caffè
Gestürzter Sahnepudding mit Kaffee-Aroma

Dieses einfache Dessert aus dem Piemont erfreut sich nicht nur in Italien großer Popularität. Die Sahne kann auf verschiedene Arten aromatisiert werden – mit Schokolade, Zimt, Zitronen- oder Orangenschale oder mit pürierten Früchten wie Himbeeren, Erdbeeren oder Brombeeren. *Panna cotta* läßt sich im Kühlschrank servierfertig garniert bis zu 6 Stunden aufbewahren, in der Form und ohne Garnitur ohne weiteres 24 Stunden. Man kann die *panna cotta* auch in großen Mengen herstellen und in der Form bis zu 3 Monaten einfrieren. Bevor man sie aus der Form stürzt und serviert, sollte die *panna cotta* Zimmertemperatur haben.

$1/8$ l besonders starker frisch zubereiteter Espresso
$1/4$ l Schlagsahne
4 EL Zucker
7 g gemahlene Gelatine
Kaffeebohnen zum Dekorieren

Die Hälfte der Schlagsahne in einen Topf gießen, Zucker und Espresso zugeben und bis kurz vor dem Kochen erhitzen. Den Topf vom Herd nehmen und die Gelatine hineinstreuen. Gut umrühren, bis sich die Gelatine aufgelöst hat, und auf Zimmertemperatur abkühlen lassen, dabei gelegentlich umrühren.
▨ Mit einem Handrührgerät die restliche Sahne nicht zu steif schlagen. 6 EL davon abnehmen und sehr steif aufschlagen, in einen Spritzbeutel füllen und in den Kühlschrank geben. Mit einem Spatel die nicht so steif geschlagene Sahne unter die mit Gelatine verrührte Mischung heben.
▨ Die *panna cotta* in zwei kleine runde Förmchen füllen und in etwa 3 Stunden im Kühlschrank fest werden lassen.
▨ Zum Servieren die Förmchen etwa 5 Sekunden in heißes Wasser tauchen und auf Teller stürzen. Die *panna cotta* mit dem Spritzbeutel mit Sahnerosetten verzieren und mit Kaffeebohnen dekorieren.

Für 2 Personen

Macedonia di Arance

Karamelisierter Orangensalat

7 Orangen, vorzugsweise Blutorangen
150 g Zucker
4 EL Orangenlikör, zum Beispiel Grand Marnier

6 Orangen schälen. Die Schale von 3 Orangen in dünne Streifen schneiden. Die restliche Orange auspressen. Die geschälten Orangen quer in Scheiben schneiden. Die Orangenscheiben dachziegelförmig auf einer ovalen Platte anrichten.

▦ Den Zucker in einen schweren Topf geben und bei niedriger Temperatur, ohne zu rühren, am Rand dunkel werden lassen. Dann mit einem Holzlöffel so lange rühren, bis der Zucker Blasen wirft und sich goldbraun verfärbt. Orangensaft, Orangenschale und Orangenlikör zugeben, den Topf vom Herd nehmen und zum Abkühlen beiseite stellen.

▦ Die abgekühlte Sauce über die Orangenscheiben gießen.

▦ Man kann den Orangensalat im voraus zubereiten und bis zu 6 Stunden im Kühlschrank aufbewahren.

Für 6 Personen

Ricotta al Miele

Ricotta mit Honig

Ricotta bedeutet »aufgekocht«. Dieser Frischkäse wird aus der Molke von Kuh- oder Schafsmilchkäse hergestellt. Er ist fettarm, besonders wenn er aus Schafsmilch gemacht ist, sollte im Kühlschrank aufbewahrt und innerhalb von zwei Tagen verzehrt werden.

0,3 l Honig, vorzugsweise Kastanienblütenhonig
600 g Ricotta
1 EL frische Thymianblüten oder -blätter

Den Honig in einem Topf erhitzen, bis er flüssig wird, und warm stellen. Die Ricotta in sechs gleichmäßige Portionen teilen und in Dessertschalen oder Gläser füllen. Über jede Portion etwas warmen Honig gießen, mit dem Thymian bestreuen und sofort auftragen.

Für 6 Personen

Cannoli alla Ricotta

Sizilianische Schillerlocken mit Ricotta

Cannoli, eine der traditionsreichsten sizilianischen Süßspeisen, erfreuen sich heute überall in Italien großer Beliebtheit, besonders in den südlichen Regionen des Landes. *Cannoli* lassen sich auch mit einer mit Kaffee oder Schokolade aromatisierten Creme oder mit einer Masse aus Eigelb, etwas Mehl und Milch füllen. Dieses Rezept stammt aus einem Buch des sizilianischen Gastronomiepapstes Pino Correnti. Die *cannoli* sollte man erst in allerletzter Minute füllen, da sie sonst weich werden.

150 g Mehl, außerdem Mehl zum Bearbeiten
2 TL Zucker
1 EL Kakao
2 EL Espresso
1 Eiweiß
1 EL Schweineschmalz, zerlassen, oder 1 EL Öl, leicht erwärmt
$1\frac{1}{4}$ l Öl zum Ausbacken
250 g Ricotta
100 g Puderzucker
$\frac{1}{2}$ TL sehr fein gemahlener Kaffee
60 g halbbittere Schokolade, in kleine Stücke zerteilt

Für die *cannoli* das Mehl in eine Schüssel geben. In die Mitte eine Mulde drücken und Zucker, Kakao, Espresso, Eiweiß und das lauwarme Schmalz oder Öl hineingeben. Mit einer Gabel nach und nach das Mehl vom Rand her einarbeiten und so lange rühren, bis alle Zutaten gründlich miteinander vermischt sind. Man kann auch alle Zutaten in die Küchenmaschine geben und den Teig darin zubereiten.

◼ Den Teig auf einer leicht bemehlten Arbeitsfläche kneten, bis er fest und glatt, aber nicht zu trocken ist. Zu einer Kugel formen, in Klarsichtfolie wickeln und etwa 2 Stunden im Kühlschrank ruhen lassen.

◼ Mit der Herstellung der *cannoli* weiter nach den Anleitungen auf der gegenüberliegenden Seite verfahren. Das Öl zum Ausbacken verwenden.

◼ Für die Füllung Ricotta, Puderzucker und gemahlenen Kaffee in einer Schüssel gründlich miteinander vermischen und die Schokoladenstückchen unterrühren. Die Füllung in einen Spritzbeutel mit glatter Tülle und einem Durchmesser von 2 cm geben und die *cannoli* mit der Ricotta füllen. Mit Puderzucker bestäuben und sofort servieren.

Für 6 Personen

124

1. Auf einer leicht bemehlten Arbeitsfläche den Teig 2 mm dick ausrollen und in Quadrate von 9 cm Seitenlänge schneiden.

2. Jedes Teigquadrat um eine runde *cannoli-Röhre* wickeln, die Enden leicht befeuchten und fest aneinanderdrücken.

3. In einer tiefen Pfanne das Öl auf 170° C erhitzen. Die *cannoli* hineingeben, immer nur wenige auf einmal, und etwa 5 Minuten ausbacken, bis sie eine goldgelbe Farbe angenommen haben. Mit einem Schaumlöffel oder einer Zange herausnehmen und auf Küchenpapier abtropfen lassen. Die *cannoli* ganz auskühlen lassen und erst dann von den Röhren ziehen.

ℛEGISTER

Bruschetta alle Olive
Geröstetes Brot mit Olivenpaste
44

Ciambella alla Salsiccia e Formaggio
Gefüllter Hefekranz mit Schweinswurst und Käse
45

Frittata Arrotolata
Omelette-Rolle mit Spinatfüllung
46

Crocchette di Gamberoni
Ausgebackene Garnelen
48

Piadina al Prosciutto
Fladenbrot mit Schinken
49

Pomodori Ripieni
Gefüllte Tomaten
51

Sformatini di Piselli in Salsa di Zucchine
Erbsen-Flan mit Zucchini-Sauce
52

Sformato di Prosciutto
Schinken-Mousse mit Melonen-Sauce
54

Schiacciata di Formaggio
Fladenbrot mit Käse
55

Carpaccio al Balsamico
Carpaccio mit Balsamico-Essig
57

Torta di Spinaci
Spinattorte
59

I SECONDI
Hauptgerichte

Stinco di Vitello al Sedano
Kalbshaxe mit Sellerie
63

Pollo Arrosto alle Erbe
Gebratenes Huhn mit Kräutern
64

Piccioni al Ginepro
Tauben mit Wacholderbeeren
65

Scampi all'Arancia
Scampi in Orangensauce
67

Pesce alle Erbe
Fisch mit aromatischen Kräutern
67

Costolette di Tonno al Vino Rosso
Thunfischsteaks in Rotweinsauce
68

Filetti di Sogliola alle Olive
Seezungenfilets mit schwarzen Oliven
70

Polpettone alle Uova Sode
Hackbraten mit hartgekochten Eiern
71

I CONTORNI
Beilagen

Danksagung

An der Entstehung dieses Buches wirkten eine Reihe von Personen, Firmen und Organisationen mit Rat und Tat mit. Wir danken herzlich all denjenigen, ohne deren Mithilfe dieses Werk nicht zustande gekommen wäre: Norman Kolpas, Richard VanOosterhout, Sigrid Chase, Fee-ling Tan, Ruth Jacobson, Karen Richardson, Patty Hill, Laurie Wertz, Winnie Lum, Beverley Sharpe, Rapid Lasergraphics, Pinnacle Publishing Services, Ken DellaPenta, Bob Firkin und British Airways.

COLLECTION
ROLF HEYNE

Lorenza de' Medici

DIE RENAISSANCE
DER ITALIENISCHEN KÜCHE

Mit 150 Rezepten
192 Seiten, durchgehend vierfarbig

ISBN 3-453-03975-0

*Ein glanzvolles Bild der klassischen Kochkunst und aristokratischen
Lebensart Italiens. Die Geheimnisse der »cucina alto borghese«
und der jahrhundertealten Eßkultur der vornehmen Familien des Landes,
gesammelt und liebevoll präsentiert mit der leidenschaftlichen Begeisterung
einer international anerkannten Expertin.*

Antony Luciano (Hrsg.)

ITALIEN.
DAS LAND UND SEINE KÜCHE

Mit über 180 Rezepten
272 Seiten, durchgehend vierfarbig

ISBN 3-453-05187-4

*Das große Buch der italienischen Kochkunst, ausgezeichnet mit der
Goldmedaille der Gastronomischen Akademie Deutschlands: Noch nie wurden
Küche und Genußfreudigkeit der Italiener so umfassend dargestellt
wie in diesem Buch – ein einmaliges Panorama italienischer Lebensfreude und
kulinarischer Tradition, von Piemont bis Sizilien.*

WILHELM HEYNE VERLAG
MÜNCHEN